児童の福祉を支える

子ども家庭福祉

吉田 眞理 Mari Yoshida

萌文書林

はじめに

子どもの福祉を支える保育士が身につけなければならないのは，子どもがもっている力を信じ，子どもを見守りながら，その権利を護ることができるやわらかなまなざしと強い使命感，そして，ゆるぎない人権意識です。その基盤となる知識や見識を，一人ひとりの学習者に届けたいという思いで本書を執筆しました。

本書は，『児童の福祉を支える児童家庭福祉』として2010年に初版を刊行しました。以来，改訂を重ねながら多くの保育士養成校でご活用いただき，2018年には大幅に加筆修正・再構成のうえ『児童の福祉を支える子ども家庭福祉』としてまとめました。

本書の特徴は，表現のわかりやすさと，内容の詳しさです。そのための仕掛けの一つは，内容を基礎編と発展編に分け，学習の進度によって活用できるように構成してあることです。また，必要に応じて活用し理解を深められるように，関係法令，資料などは側注に詳しく示してあります。そして，新聞記事を各所に配置し，子ども家庭福祉に関連した情報を提供し，学習者の意識を喚起するよう工夫しました。福祉の価値観を身につけることは大切ですが，基礎的な知識を身につけることもおろそかにはできません。そこで，最低限暗記してほしいことを小テストとして示し，学習しやすくしてあります。

本書を活用された諸先生の熱心な教えを受け，福祉の価値観を身につけた多くの保育士が現場に巣立っていくことを願っています。

末筆になりましたが，たいへんな編集作業を丁寧にしてくださり，豊かなアドバイスをくださった萌文書林の服部直人氏と松本佳代氏に感謝申し上げます。

吉田　眞理

CONTENTS

第２章　子どもの人権擁護

第３章　子ども家庭福祉の制度と実施体系

発展編

第５章　現代の子ども家庭福祉の課題と展望

基礎編

発展編

第 1 章 現代社会における子ども家庭福祉の意義と歴史的変遷

基礎編

1. 子ども家庭福祉の理念と概念
2. 子ども家庭福祉の歴史的変遷
3. 現代社会と子ども家庭福祉

発展編

1. 子ども家庭福祉の構造と児童観
2. データからみる現代の子ども

基礎編

1．子ども家庭福祉の理念と概念

(1) 児童福祉法の理念

理念とは，物事がこうあるべきという考え方である。行動の根底にある基盤であるとともに，目指すべき理想といえる。

児童福祉法にある**子ども家庭福祉の理念**を確認してみよう。

児童福祉法　第1章　総則

第1条　全て児童は，児童の権利に関する条約の精神にのつとり，適切に養育されること，その生活を保障されること，愛され，保護されること，その心身の健やかな成長及び発達並びにその自立が図られることその他の福祉を等しく保障される権利を有する。

第2条　全て国民は，児童が良好な環境において生まれ，かつ，社会のあらゆる分野において，児童の年齢及び発達の程度に応じて，その意見が尊重され，その最善の利益が優先して考慮され，心身ともに健やかに育成されるよう努めなければならない。

② 児童の保護者は，児童を心身ともに健やかに育成することについて第一義的責任を負う。

③ 国及び地方公共団体は，児童の保護者とともに，児童を心身ともに健やかに育成する責任を負う。

第3条　前2条に規定するところは，児童の福祉を保障するための原理であり，この原理は，すべて児童に関する法令の施行にあたつて，常に尊重されなければならない。

わが国の子ども家庭福祉は児童福祉法の「第1章　総則」に従って運営されることになる。そこには，子どもが心も体もすくすくと育つようにすべての国民が協力すること，国・地方公共団体，児童の保護者にはその責任があることが書かれている。

「心身ともに健やかに」とはどういうことだろう

Ｋくんは小学5年生。中学受験をするので去年から進学塾に通っている。親の口癖は，「頑張って勉強して一流校に入ろう。今遊んでいたら，大人になってから苦労するよ」である。

Ｋくんは塾通いで疲れ気味のせいか，イライラしている。学校では，友だちともあまり仲良くできない。親から言われていることもあり，Ｋくんは「友だちと遊んでいる暇はない。大人になるまで我慢しなきゃ」と思っている。最近Ｋくんは，勉強ができないクラスメイトを馬鹿にするようになっている。

子ども時代は大人になるための準備期間ではない。子ども時代には，大人になったらできないような子どもらしい経験がたくさんできる。それが「生きていくことは楽しい」という気持ちや「大切な私」「人が好き」というような自己肯定感や人間への信頼感を育てることにつながる。

(2) ウェルフェアからウェルビーイングへ

子ども家庭福祉は社会福祉の考え方を基盤としている。

社会福祉の考え方は**社会福祉基礎構造改革**[1]を経て変化し，現在に至っている。

第2次世界大戦後（1945～）築かれてきたわが国の社会福祉の構造が，20世紀末の社会状況に合わなくなったことから，社会福祉全体の見直しとして，社会福祉基礎構造改革が行われた。

社会福祉基礎構造改革を境に，社会福祉が以下を視点に変化した。

① 個人の自立と選択

② 質の高い福祉サービス

③ 地域福祉の充実

社会福祉基礎構造改革を経て福祉を意味する言葉が**ウェルフェアからウェルビーイング**へと変わった[2]。子ども家庭福祉についても，困る前の予防と早期発見，困ったときの支援，困ったことが解決したあとの継続的支援などを含めて福祉的取り組みと考えるようになった。

①予防[3]

子どもや家族を取り巻く環境を整えることにより，その後子ども家庭福祉の問題が起こりにくくなる。

たとえば，地域の安全を確保することにより，事故や犯罪に巻き込まれる子どもは少なくなるであろう。また，家庭における子育てを支援することにより，家庭内での虐待が減るという効果が期待される。

1）社会福祉基礎構造改革は，社会福祉法人，措置制度など社会福祉の共通基盤，制度についての改革であった。

2）ウェルフェアの英語での意味は「生活保護」「最低生活保障」や「社会福祉事業」などである。対象は一部の困っている人や生活の一部分であり，その方法は，たとえば経済的な支援や施設入所などであり，それを決めるのは行政（役所）である。どうにもならないほど困ってしまった人が，役所の決定に従って「お世話になり」福祉制度を利用させてもらうわけである。

しかし，ウェルビーイングになると福祉対象がすべての人に広がり，地域における生活全般を暮らしやすくする取り組みを意味する。とことん困ってしまう前に予防や早期発見を含んで福祉実践が行われ，福祉はサービスとなり，制度を使う人は「利用者（さん）」と呼ばれる。利用者さんは自分の判断で質の高い福祉サービスや施設などを選ぶ。

3）予防とは，問題が発生してからかかわるのではなく，問題が起こらないように支援する取り組みである。

Kさんは，70歳。夫とふたり暮らしである。時間があるので，自治会の仕事を手伝っている。Kさんは毎日，運動を兼ねて自転車で買い物に行く。Kさんの自転車には「防犯パトロール」というステッカーが貼ってある。これは，地域ぐるみで子どもを守る自治会活動である。この自転車で買い物をしているだけで，住民が子どもを見守っている地域であることを周囲に知らせることができ，防犯効果があるのだ。

②早期発見，早期対応

課題が発生した場合には，それが大きくならないうちに周囲が気づき，支援する。そのようにすれば，解決に必要な時間や支援が少なくてすむ。

たとえば，障害を早く発見して適切な支援につなげることにより，子どもが生活しやすくなり，保護者も子どもを安心して育てることができる。

児童虐待についても子どもへの虐待がひどくならないうちに発見して，保護者に支援を提供することにより，子育てのしにくさが軽減されて，虐待する危険性が減ると考えられる。

また，子どもの障害を理解できないことによる虐待もある。そのような場合も子どもの行動や成長の違いが，障害によるためであることが理解でき，対応方法がわかることにより，虐待につながらなくなる。

Lさんは2歳の子どもの母親である。保育所も幼稚園も利用していない。Lさんは，子どもと一緒に子育て支援センターの「言葉の教室」に通っている。1歳半健診で言葉が出ないことを相談したらこの教室を紹介されたのである。「言葉の教室」に通うようになるまでは，Lさんは子どもに無理やり言葉を教えようとしたり，苛立ちを子どもにぶつけたりして，同じくらいの年齢の子どもがいる近所の友人とも疎遠になっていた。「言葉の教室」に通ってからは，同じように子どもの言葉について心配している保護者たちと知り合いになって気持ちが落ち着いた。そして，子どもには個人差があること，子どもの育つ早さやペースに合わせて子育てをすればいいことを理解して子どもにも優しくなっていった。

③継続的支援

虐待傾向がある家庭などに関しては，発見された課題が解決しても，その後の日常的な見守りが必要になる。状況によっては，専門職より近隣に住む住民による見守りが効果的な場合もある。施設から家庭に戻った子どもの場合も，専門職による継続的支援（アフターケア）の充実とともに，住民の協力による見守りが求められている。

2歳児をもつMさんは，保健センターの「子育てひろば」に毎日通っている。3か月前に子どもをひどくたたいているところを住民に通報され，児童相談所の助言で「子育てひろば」に通うようになった。毎日「子育てひろば」に通うことを条件に，引き続き子どもと暮らせることになったのである。Mさんは「子育てひろば」で，近所に住む児童委員と話をしたり，子育てでわからないことを保育士に聞いたりしている。

保育士も児童相談所をはじめとする地域の関係機関や住民と連携して，虐待の再発防止や生活の安定に向けた継続的支援をすることが求められている。

(3) 子ども家庭福祉の理念

子ども家庭福祉は，子どもにとって最もふさわしい生活の場は家庭であり，子ども家庭福祉を促進するためには家庭への支援をすることが重要であるという考え方（理念）を基盤にしている。

子どもが生活する場である家庭が落ち着いた状態であり，子どもの保護者が安心して子育てできる環境があってこそ，子どもは幸せに暮らし，成長することができる。しかし，保護者が子育てに悩んでいたり，生活に困っていたりすることもある。児童福祉法には「国及び地方公共団体は，児童の保護者とともに，児童を心身ともに健やかに育成する責任を負う」と書かれている。国や地方公共団体は，保護者が子どもを安心して育てられるように施策を整え，子どもの成長を支援していく。また，保護者が子どもを安心して育てられない状態になったときは，保護者の生活や子育てを直接支援することを通じて子どもの育つ環境を整え，子どもの成長を支援していくのである。

国や地方公共団体だけではなく，一般の住民も子どもの成長を支援していく責任がある。家族が生活する場である地域に，子育て中の家族を見守り，困ったときには相談に乗り，子育てを手伝える環境があれば，小さな問題は知らず知らずのうちに解決するであろう。さらに，子どもにとって地域は成長の場でもある。日常生活を営む家庭がある地域で，直接子どもに声をかけ，子どもの様子を気遣う近隣住民の目と手と心があってこそ，子どもは健やかに成長していくことができる。

近隣住民が取り組むには問題が複雑だったり，解決困難に見えたりするときは，専門機関や専門職が支援する。そのときにも，専門職は子どもの問題を家庭や家庭がある地域とのかかわりのなかで理解していく。そして，専門機関や専門職は住民と協力し，家庭や地域とともに子どもの成長を支援するという考え方で取り組んでいくのである。

＊ Column ＊

児童とは

わが国の児童福祉法では，児童を満18歳未満の者としている（第4条）。

しかし，たとえば，こども基本法では「こども」を「心身の発達の過程にある者」として年齢は明記せず，母子及び父子並びに寡婦福祉法では児童を20歳未満としているように，法律によって異なっている。

「児童の権利に関する条約」[4] では「この条約の適用上，児童とは，18歳未満のすべての者をいう」と説明しているが，「ただし，当該児童で，その者に適用される法律によりより早く成年に達したものを除く」と18歳になっていなくてもその子どもの国の法律などにより，成人したと認められるものは児童ではないとされている。

●児童福祉法による児童とは

満18歳未満の者

・乳児とは満1歳未満の者

・幼児とは満1歳以上で小学校に入る前の者

・少年とは小学校に入ってから満18歳になる前の者

4） 本書では，日本政府（外務省）訳に従い「児童の権利に関する条約」とした。

(4) 子ども家庭福祉の概念——実際の活動内容

身近な人たちの活動から**子ども家庭福祉の概念**[5] を考えてみよう。

保育士など子どもに関係する場で働く人たち，地域で子どもとその家族を見守る人たちが協力して行う，以下の事例すべてが子ども家庭福祉の活動だといえる。

5） 「概念」とは，全体的な内容や意味である。

A さんの事例

A さんは小学生の子どもの親で，子ども会の会長を務めている。隣町で子どもが不審者に連れ去られそうになったが，近所の人が声をかけたことで未遂に終わったという事件があった。そのことを知ったＡさんは「うちの近所でも，地域に暮らす子どもたちの顔を住民の皆さんに知ってもらうことが子どもの安全につながるのでは……」と考えた。そこで，子ども会活動に地域のお年寄りを招待する，子ども会のラジオ体操と自治会の健康体操を同時に開催する，ということを計画した。

Bさんの事例

Bさんは地域療育センターに勤める保育士である。保健センターの健診などで障害[6]を疑われた乳幼児が通園クラスに通っている。そこで保育をするのがBさんの仕事である。センターの作業療法士[7]や言語聴覚士[8]は観察療法や指導を担当している。Bさんはこのような他の専門職と一緒に障害児とその家族が今をいきいきと暮らせるように，そして将来，自分なりの自立ができるようにと願いながら保育をしている。

Cさんの事例

Cさんの子どもは重度の障害があり特別支援学校に通っている。特別支援学校に通う重度の子どもは，放課後児童クラブに通いにくい状況がある。そこで，放課後児童クラブに重度の障害の子どもが行ける環境をつくってほしいと思い，地域で署名活動を始めた。やがてその活動は広がり，市の制度として取り入れられることになった。

Dさんの事例

DさんはK市公立保育所で働く保育士である。Dさんのクラスには，一人で子育てをしている母親Zさんがいる。そのZさんは，去年夫と離婚してこの地域に引っ越してきた。先日の保護者面接で，実は夫からの家庭内暴力（ドメスティック・バイオレンス＝DV）があって離婚したのだと聞いた。Zさんは「これからも相談にのってください」とDさんに言った。

Eさんの事例

EさんはW市の児童相談所[9]に勤務している保育士である。児童虐待の情報があると児童相談所の児童福祉司[10]と一緒にその子どもがいる保育所や家庭に行って状況確認をする。常に気が抜けない仕事だ。

Fさんの事例

Fさんは児童館に勤めている保育士である。Fさんは，午前中は幼児の親子連れのための「子育てひろば」を運営し，午後になると小学生と一緒に活動したり，話をしたりする。「子育てひろば」では，そこを利用する保護者や子どもが，遊びを通じてかかわりあったり成長したりできるように，いつも気を配って準備をし，声かけをしている。

6）本書では障害の表記に漢字の「害」を使っている。わが国の法律が「害」を用いていることと，「害」は本人（障害者）側にあるのではなく社会との関係や社会のあり方にあるという考え方からである。

7）作業療法士とは，病気や事故のために障害を受けた人に，医師の指示のもと，回復をはかる作業活動や運動療法を用いて社会への復帰を支援するための治療・指導・援助を行う医療・福祉の専門職である。

8）言語聴覚士とは言葉，摂食・嚥下の問題に専門的に対応する方法をみつけるために検査や評価を実施し，訓練，指導，助言，その他の支援を行う医療・福祉の専門職である。

9）児童相談所とは子どもの福祉を増進する公的機関である。

10）児童福祉司は児童相談所の職員で，福祉専門職である。児童虐待などに対応したり，子どもに関する相談にのったりする。

Gさんの事例

Gさんは児童養護施設の保育士である。この施設で暮らしている子どもの多くには親がいる。しかし，一緒に暮らせない事情がある。子どもたちが家庭に帰れるまで，また社会に出るまで，家庭的雰囲気のなかで成長を支援するためにGさんは働いている。

子ども家庭福祉の活動内容は，住民による家族ぐるみの地域活動，専門職による子どもや家族への支援，当事者としての家族の活動，家族の課題解決に向けた支援など幅広い。事例のように，多様な人たちがそれぞれの場で子どもの健やかな成長を願って仕事や活動をしているのが現在のわが国の子ども家庭福祉の姿である。

(5) 子ども家庭福祉の課題，実践対象，方法

(4) で示したように子ども家庭福祉に取り組む多様な人たちがいる。言いかえれば，多くの人たちがかかわる必要があるほど，子ども家庭福祉の課題[11]は多いのである。では (4) の事例にある課題をどのような方法で解決しようとしているのであろうか。取り組んでいる課題，実践対象，方法という視点から (4) のAさんからGさんの事例を分析[12]してみよう。

11) 本書では，「課題」という語を取り組むべき事柄として使っている。

12) ある一定の枠組みや理論にそって説明していくことを分析という。この場合は，課題，対象，方法という枠組みから説明（分析）していく。

Aさんの事例

Aさんは**地域の子育て環境づくり**をしている。

課題

Aさんの暮らしている地域には安心できる子育ての環境がない。

⟶子どもを安心して育てられる環境づくりは，わが国の子ども家庭福祉の大きな課題である。

実践対象

Aさんは，地域のすべての子どもと家族を対象とした活動を提案している。

⟶わが国の子ども家庭福祉の実践対象はとくに困っている子どもとその家族だけではなく，すべての子どもと家族である。

方法

一般市民のAさんが，子ども会の活動を通じて行っている。

⟶わが国の子ども家庭福祉活動はその仕事を専門的にしている人ばかりではなく，一般の住民や子ども会，町会などの地域団体も参加して行われている。

B さんの事例

B さんは**障害児保育**をしている。

課題

障害児には個別性の高い保育が必要である。

⟶障害児が障害の程度や症状に応じて自立するための発達を支援することはわが国の子ども家庭福祉の大きな課題である。

実践対象

B さんは障害が疑われる乳幼児を対象とした仕事をしている。

⟶障害児とその家族はわが国の子ども家庭福祉の重要な実践対象である。

方法

地域療育センターに勤める保育士である B さんが，他の専門職と一緒に支援をしている。

⟶子ども家庭福祉の実践は他の分野の専門職とのチームワークのもとで行われている。

C さんの事例

C さんは**ノーマライゼーションのための当事者活動**をしている。

課題

C さんの暮らす地域には，障害児が放課後過ごす場がない。

⟶地域で暮らす障害児の生活を一般の子どもの生活状態と同じようにすること（ノーマライゼーション）や，障害児の権利を護ることはわが国の子ども家庭福祉の大きな課題である。

実践対象

C さんは障害児である自分の子どもと同じような地域の子どものために活動しているが，その活動は周囲の人の意識変化，社会の変化も視野に入れている。

⟶かつては，障害児は施設で生活すればよいと考えられていたが，現在では地域の家庭で暮らす障害児が多い。家庭で暮らす障害児はわが国の子ども家庭福祉の重要な実践対象である。また，地域の人たちの意識を変化させるための活動，つまり，実践対象としての地域住民の意識にも目を向ける必要がある。

方法

障害児の親の C さんが地域で署名活動を始め，市の制度として取り入れられた。

⟶子ども家庭福祉には，当事者（本人やその家族）や市民などが活動をして行政を動かし制度変化などに結びつける方法（ソーシャルアクション）がある。

D さんの事例

D さんは保育所保育士として**家庭支援**に取り組んでいる。

課題

保育現場にはひとり親家庭への支援やドメスティック・バイオレンス(DV)[13] という課題がある。

13) 「児童虐待の防止等に関する法律」では子どもの見ている前での DV も児童虐待とされている。

⟶わが国の子ども家庭福祉の課題には家庭環境を子育てにふさわしい状態にすることがある。

実践対象

夫からの家庭内暴力を受けて離婚した，ひとり親の Z さんが支援対象となっている。

⟶このようにわが国の子ども家庭福祉の対象として，子育て中のひとり親家庭がある。

方法

D さんは保育所で働く保育士である。D さんは自分が担任をしている子どもの保護者に個別的支援として実践している。

⟶子どもが毎日通ってくる保育所では，子どもの保育だけではなく家庭への個別支援が求められている[14]。

14) 保育所保育指針第4章では，保育所に入所する子どもの保護者に対する支援と地域の子育て家庭への支援が求められている。

E さんの事例

E さんは児童相談所で**虐待対応**をしている。

課題

虐待の早期発見と対応が必要である。

⟶虐待への対応は，現代のわが国の子ども家庭福祉の緊急の課題である。

実践対象

E さんの事例では虐待を通告された保護者と子どもが対象である。

虐待された子ども（被虐待児）とその家族は子ども家庭福祉の重要な実践対象である。

方法

E さんは児童相談所で専門的な取り組みををしている。

⟶児童相談所のような公的機関や法を通じて子ども家庭福祉を促進する方法は，福祉国家であるわが国の基本的実践方法である。

F さんの事例

F さんは児童館で**健全育成の仕事**をしている。

課題

地域には，子どもとその家族が安心して過ごしたり活動したりする場が不足している。

⟶すべての子どもが遊びや活動を通じてかかわり合ったり成長したりできるような環境を用意する健全育成はわが国の子ども家庭福祉の課題である。

実践対象

Fさんは児童館に来る子どもを対象に活動しているが，児童館はだれでも利用できる場であり，健全育成の対象はすべての子どもである。

方法

保育士であるFさんは児童館での業務として健全育成に努めている。

⟶児童福祉施設を通じて地域の子どもたちにかかわって子ども家庭福祉を促進する方法がある。

Gさんの事例

Gさんは入所施設で**児童養護の仕事**をしている。

課題

親がいても様々な理由で一緒に暮らせない子どもが多くいる。

⟶親と一緒に暮らせない，または親のいない子どもの養護をどのようにするかということは，わが国の子ども家庭福祉の課題である。

実践対象

入所児童とその親が実践対象である。

⟶親と一緒に暮らせない，または親のいない子どもはかつても現在もわが国の子ども家庭福祉の実践対象である。

方法

Gさんは，児童養護施設の機能を活用して子どもを養護している。

わが国では，親と一緒に暮らせない，または親のいない子どもの養護を，Gさんが働いているような児童養護施設で行っている場合が多い。

このように子ども家庭福祉の対象はすべての子どもと家族であり，その課題は地域の環境から虐待と幅広く，支援方法もその課題に合わせて多様である。しかし，すべての取り組みの目的は，子どもの幸せ（児童の福祉）である。

子ども家庭福祉の概念

子ども家庭福祉とは子どもと家庭に関する幅広い課題に，住民と専門職，関係機関が連携し，法律や制度などの社会資源を活用しながら取り組む，すべての子どもの最善の利益を護るための実践である。

事例について考えてみよう

子ども家庭福祉の目的は子どもの幸せである。子どもの幸せについて考えてみよう。

子どもの幸せとはなんだろう

Aさんは保育学科の短大生である。日曜日のこと，買い物に行ったデパートでスカートを選んでいる1組の親子を見かけた。その女の子は，花模様のスカートを欲しそうに見ていたが，母親は「これがいいでしょ。すごく似合うわ」と言ってチェックのスカートを試着させて買った。母親は「とてもかわいいわ」と満足そうだったが，子どもは花模様のスカートのほうをチラッと見ながら母親の後をついて店を出ていった。Aさんは，小学2年生のころ，サッカークラブに入りたかったのだが，母親の決めたスイミングクラブにしぶしぶ通っていたときの気持ちを思い出し「大人って勝手だな……」とつぶやいた。

子どもの気持ちや考えを大切にするには，どうすればいいのでしょうか？

●自分の考えをまとめよう。

●グループで話し合おう。

子どもの意志を大切にするためには，大人は子どもが何を希望しているのか，よく聞く必要がある。それは何でも子どもの好きにさせるということではない。子どもの意見を尊重して，その話をまずよく聞くことから始める。そうして話を聞いたり話し合ったりするなかで，子どもの考えや希望を知り，それに関して大人がもっている知識や情報を子どもに伝える。そのプロセスを通じて子どもがより良い方法を選べるように手伝っていくのである。児童の権利に関する条約にある能動的な子ども観のなかには，子どもは大人よりもすばらしい考えをもっているかもしれないという期待がある。その根底には子ども自身に任せてみれば，失敗しながらも力強く育っていくだろうという，子どものもっている力への信頼感がある。

〈小テスト〉

①子ども家庭福祉とは子どもと家庭に関する幅広い課題に，（　　　　　　　　　）と（　　　　　　　　　），関係機関が（　　　　　　　　　）し，法律や制度などの（　　　　　　　　　）を活用しながら取り組む（　　　　　　　　　）の子どもの（　　　　　　　　　）を護るための実践である。

②（　　　　　　　　　）を経て福祉を意味する言葉が「（　　　　　　　　　）」から「（　　　　　　　　　）」へと変わった。

③児童福祉法では，児童とは満（　　　　）歳未満の者，（　　　　　）とは，満1歳未満の者，（　　　　　）とは満1歳以上で小学校に入る前の者，（　　　　　）とは小学校に入ってから満（　　　　）歳になる前の者と規定している。

④児童福祉法　第1章　総則

第1条　全て（　　　　　　　　　）は，（　　　　　　　　　）の精神にのつとり，適切に養育されること，その（　　　　　　　　　）を保障されること，愛され，（　　　　　　　　　）されること，その心身の健やかな（　　　　　　　　　）及び（　　　　　　　　　）並びにその自立が図られることその他の（　　　　　　　　　）を等しく保障される権利を有する。

2. 子ども家庭福祉の歴史的変遷

(1) 海外の子ども家庭福祉の歴史的変遷

①救貧法と子ども家庭福祉

初期の福祉に関する取り組みは貧困層が対象であり，子ども家庭福祉も貧困家庭への福祉として行われていた。世界初の社会福祉法は，イギリスで施行された**エリザベス救貧法**（1601年）である。福祉の法律をつくることにより，福祉に国が責任をもって取り組むようになる。救貧法とは，貧しい人々を保護するための法律であり，その対象は貧しい病者，障害者，高齢者，子どもであった。当時の救貧法では，制度の利用者には一般労働者のなかで最も貧しい世帯より，さらに貧しい生活をさせた[15)]。

②バーナードホーム

英国のトーマス・バーナードが1866（慶応2）年にロンドンに開設したバーナードホームは，彼が自宅を開放して数名の要保護児童を預かったことから始まっており，そこでは，少人数の子どもと職員が一緒に生活をしていた[16)]。

③慈善組織協会と子ども家庭福祉

慈善活動の調整と組織化を目指す**慈善組織協会**（COS）[17)] がイギリスのロンドンで19世紀に設立された。COSでは貧困家庭を訪ねる友愛訪問を行っていた。そのなかで，子育て中の家庭には道徳的教化を行っていた。つまり，貧しい家庭は親が怠け者で子どもをしっかりと育てないので，その家庭の子どもはまた貧しい家庭を築くことになると考えたのである。そして，それを改善するために，勤勉に働き，しっかりと子育てするように子どもの親を教育しようとした。

その後COSはアメリカでも設立された。アメリカのボルチモアのCOSで勤務していた**メリー・リッチモンド**は，COSの取り組みを科学的に分析し，ケースワーク論としてまとめた。リッチモンドは，貧しい家庭に生まれた子どもが大人になって，また貧しい家庭生活を築いているのは，怠け者であったり能力がなかったりするためではないと考えた。貧しい家庭に生まれた子どもには学歴がなく技術を身につける機会もないために，やりがいがある仕事や安定した仕事につくことができず，その結果貧困が連鎖していると考えたのである。

15）救貧法のこのような対応は劣等処遇といわれるもので，支援を受けた人が一般の労働者と同じような暮らしをすることにより，一般市民の労働意欲が低下しないように考えられた方法である。

16）バーナードホームは，小舎制の児童養護施設やグループホームの原型といえる。のちに，時代の流れのなかで里親制度などに移行していった。岡山孤児院を始めた石井十次はバーナードホームに孤児院経営を学んだとされる。

17）慈善組織協会（COS：Charity Organization Societies）は，イギリスのロンドンで1869（明治2）年に設立され，慈善活動の調整と組織化を目指し，アメリカでも展開された。ボルチモアのCOSに勤務していたメリー・リッチモンドはケースワークを科学的専門的な取り組みの方法として分析し，『社会的診断』（1917），『ソーシャルケースワークとは何か』（1922）を著した。

『貧しい人々への友愛訪問』のなかでリッチモンドは「救済に関する疑問のすべてについて世帯主と協議すべきである」と述べている。これは，現代における自己決定への着目や課題解決について本人が中心になるという考え方と同じである。

考えてみよう

19世紀のロンドンにおけるCOSやアメリカのリッチモンドの見解について，あなたはどう捉えましたか？

●自分で考えてみよう。

●グループで話し合おう。

④セツルメント活動と子ども家庭福祉

セツルメント活動は，知識人や学生が貧民街に移り住んで，貧しい地域の実情を知り，自分たちの知識を生かして住民とともに学び，貧富の差がある社会を改革しようとする活動である。

世界初のセツルメントは**トインビーホール**[18]である。トインビーホールでは，貧しい家庭に生まれた人たちに学ぶ機会を提供するとともに，豊かな家庭に生まれた人が貧しい人たちの暮らしを知る活動をした。セツルメント活動では，貧しさの原因は生まれた環境にあると考えている。

18）セツルメント活動を試みていて病に倒れたイギリスの経済学者トインビーの遺志を継ぎ，バーネット夫妻が，1884（明治17）年にロンドンのスラム街イーストエンドに世界初のセツルメントハウス「トインビーホール」を設立した。

トインビーホールの創設者バーネットが趣旨を訴えて支援協力を呼びかけた結果，オックスフォード大学のベリオール・カレッジ，ワダム・カレッジなどがそれに応じた。バーネットは神父であったが，トインビーホールで暮らしたり，活動したりする人の信仰については問わなかった。

イギリスで始まったセツルメント活動はアメリカにも広まっていった。アメリカのシカゴでは1889（明治22）年に**ジェーン・アダムス**によりセツルメントの**ハルハウス**が創設された。シカゴは移民の街であり，そこで暮らす移民の家族の生活は貧しく，子どもの教育もできない。そこでハルハウスでは保育所をつくったり，児童公園や図書館をつくったり，子どもたちがグループ活動をする機会を設けたりした[19]。

19） 街全体の環境美化にも努め，住民による清掃活動も始めている。このようにセツルメントでは，街全体の環境を変え，子どもや家族が暮らす地域全体の生活を変え，社会全体の環境変化を通じて貧富の差を改善しようとした。

ハルハウスの実践[20]

ハルハウスに子どものころに出入りしていた男性に「ハルハウスはあなたにとってどんな意味がありましたか？」とたずねると「ハルハウスは私が初めて見た，世界中の本や雑誌がいっぱいあるところですよ。……私は自分の可能性に対する自信をハルハウスでもったのです」と答えた。

また，ハルハウスにおいては，「教師となる経験と喜び」を尊重している。ここで大学生向けの機織り講座の講師となった移民の女性は，自分の故郷の文化を認められ，自己肯定感を高めた。一方，この女性の子どもは学生を相手に講師を勤める母親を通りすがりに偶然見て，これまで移民の親を恥じていた気持ちを変えることができた。

20） ハルハウスについての記述は，以下の文献を参照しエピソードをまとめた。
ジェーン・アダムス 著／柴田善守 訳『ハル・ハウスの20年』岩崎学術出版社，1969
Jane Addams (1910) *Twenty Years at Hull-House,* Signet Classic，1960
Jane Addams (1909) *The Spirit of Youth and the City Streets,* University of Illinois Press，1972
James Weber Linn. *Jane Addams A Biography,* University of Illinois Press，2000

⑤法と子ども家庭福祉

人々による福祉活動とともに，福祉に関する法律や条約の制定が世界の意識を変え実態を変えていく。

アメリカでは1909（明治42）年，**第1回児童福祉ホワイトハウス（白亜館）会議**[21]が開催された。第1回児童福祉ホワイトハウス（白亜館）会議で出された**家庭尊重の原則**は，子どもは家庭のなかで育つのが最も幸せであるという子ども家庭福祉の基本的な考え方を示している。

21） 児童福祉ホワイトハウス（白亜館）会議は，児童福祉のためにセオドア・ルーズベルト大統領により開かれた全米会議である。

家庭尊重の原則

家庭は文明の最高の創造物である。故に緊急やむを得ない事情のないかぎり児童を家庭から切り離してはならない。

(2) わが国の子ども家庭福祉の歴史的変遷

わが国の福祉は仏教的な思想を背景として，僧侶による救済や私的な慈善として行われてきた。聖徳太子は仏教の精神を実践するために，593（推古元）年に，**悲田院**（ひでんいん），**療病院**（りょうびょういん），**施薬院**（せやくいん），**敬田院**（きょうでんいん）の**四箇院**（しかいん）からなる四天王寺を建立した[22]という。光明皇后も，施薬院と悲田院を設けている。平安京にも悲田院が置かれ，京中の病者・孤児などを収容していた。鎌倉

22） 敬田院は寺院。施薬院は現代の薬草園・薬局。療病院は病院に近いもの。悲田院は，病者や身寄りのない老人や子どもなどのための施設（当時は貧民救済の性格が強かった）。

時代には，忍性が民間の慈善事業として各地に悲田院などを設けている。

明治期，わが国の社会福祉の法律として**恤救規則**（1874（明治7）年）が成立した。恤救規則は生活保護制度であり，老，幼，疾病，障害などで働くことができず，扶養者もいない者を対象としていた。

大正期には，第1次世界大戦が1914（大正3）年に勃発し，わが国は好況に転じた。その結果としての都市人口の急増，白米の消費増大，またロシアの革命に干渉したわが国のシベリア出兵に伴う内地米の流出や米価高騰を期した売り惜しみなどが相まって，米の価格が暴騰した。この社会状況から1918（大正7）年に発生した**米騒動**は全国に飛び火した。このような低所得層の動向は，救済事業として行われていた事業が政府による社会事業として再編される契機となった。後述の二葉保育園もこのような社会的背景のなかで，1916（大正5）年に二葉幼稚園の名称を二葉保育園に改めて救済事業に転換し，その後社会事業として発展していった。

この間，恤救規則が半世紀の間わが国の福祉の法律であったが，1929（昭和4）年に救護法が成立した[23]。

23）65歳以上の老衰者，13歳以下の幼児，妊産婦，障害者などで貧困のため生活できない者に対する救護を定めた制度であり，貧民救済の意味合いが強かった。

その後，戦時体制下の1937（昭和12）年には母子保護法が生まれている。

セツルメント活動はわが国にも伝わった。1886（明治19）年に東京で久保田量寿によって始められた同善会，1915（大正4）年に宗教大学出身の僧たちによって大阪市釜ヶ崎で始められた**四恩学園**は子どもに視点を当てた仏教系のセツルメントである。

わが国のセツルメント

■同善会（東京）

久保田量寿によって1886（明治19）年にスラム街の子どもに対する「寺子屋流」教育として開設された下谷・同善小学校が始まりである。この小学校が後にセツルメントになった。

■四恩学園（大阪）

東洋一といわれた大規模スラム釜ヶ崎に宗教大学出身の僧たちによって作られたセツルメントである。母体となった四恩報答会は1915（大正4）年に結成され，「地域の改善はまず子どもから」と考えて市内7か所に子ども会をつくっていた。翌年の園舎建設によってセツルメント活動を開始した。

1918（大正7）年，長谷川良信は西巣鴨の通称二百軒長屋に単身移住し，宗教大学（現・大正大学）研究室の学生とともにセツルメント活動を始め，翌年，**マハヤナ学園**[24]を開設した。

24）『マハヤナ学園70年の歩み』社会福祉法人マハヤナ学園，1991より

マハヤナ学園

当時，この西巣鴨地域は屑拾いをする人が多く，子どもたちはその手伝いをしていた。さらに，子どもたちは朝，“乞食化粧”をして乞食の子どものふりをして物乞いを手伝い，小遣い銭を稼ぐという生活をしていた。子どもたちは，こうしてもらったお金で買い食いをし，お金がなくなると盗みもした。長谷川はこのような実態を目の当たりにして，学校に通っていない子どもに声をかけ，子どもたちの金銭感覚や道徳観を育てるために夜間学習会（実用夜学会）を始めている。

わが国では，国家の責務として法律に基づき国民全般を対象に福祉が実施されるようになったのは，第2次世界大戦以降である。収入が十分に得られない家庭などのために，戦後すぐの1946（昭和21）年に**生活保護法**[25)]がつくられた。さらに戦争で家庭を失った子どもが多い時代的背景のなかで1947（昭和22）年に**児童福祉法**が制定された[26)]。

その後，1950年に**身体障害者福祉法**が施行され，**福祉三法時代**を迎えた。さらに，1960年代に現在の**知的障害者福祉法**，**老人福祉法**，**母子及び父子並びに寡婦福祉法**が制定され**福祉六法時代**を迎えた。これらはすべて日本国憲法を基盤につくられている。

25) 生活保護法　第1条
この法律は，日本国憲法第25条に規定する理念に基き，国が生活に困窮するすべての国民に対し，その困窮の程度に応じ，必要な保護を行い，その最低限度の生活を保障するとともに，その自立を助長することを目的とする。
日本国憲法　第25条
すべて国民は，健康で文化的な最低限度の生活を営む権利を有する。
2　国は，すべての生活部面について，社会福祉，社会保障及び公衆衛生の向上及び増進に努めなければならない。

26) 当時，衛生や栄養の状態が悪いなかで暮らし，学校へも行かず，自分が生きるために靴磨きをしたり，大人の手伝いをしたり，物もらいをしたりして暮らしている子どもたちがいた。子どものなかには，盗みや売春をする者もいた。そのような子どもを養護するために児童養護施設がつくられ，里親制度も位置づけられた。

(3) 日本の子ども家庭福祉の先駆者

わが国の子ども家庭福祉は，情熱や真心から，私財や人生をかけた児童福祉施設の設立という個人の実践として展開されてきた。ここでは，福祉の先駆者を取り上げ，その実践を垣間見てみたい。

設立者	施設名	設立年
池上雪枝	神道祈祷所	1883年
赤沢鍾美	新潟静修学校付設保育施設	1890年
石井亮一	滝乃川学園	1891年
石井十次	岡山孤児院	1892年
留岡幸助	家庭学校	1899年
野口幽香	二葉幼稚園	1900年
高木憲次	東京整肢療護園	1942年
糸賀一雄	近江学園	1946年
	びわこ学園	1963年

1 池上雪枝（1826–1891）

神道教導職にあった雪枝は，1883（明治16）年**神道祈祷所**として大阪で少年を対象としてわが国最初の感化院（教護院）と授産場を開いた。雪枝はここでステッキや石鹸などを作りながら少年補導に力を尽くした[27]。

27）現在の保護司制度のもとをつくったといわれている。

2 赤沢鍾美（1864-1937）

1890（明治23）年に，赤沢鍾美（あつとみ），仲子夫妻は新潟静修学校に付設の保育施設を開設した。明治期に近代的な学校制度が始まったが，就学率は上がらなかった。その原因として，女児が幼い弟妹や奉公先の幼児の子守をしていることがあった。そこで国は1880（明治13）年に全国の都道府県に乳児・幼児をつれて勉強しにいける子守学校を設置した。しかし，そこには，乳幼児を世話する人がいなかった。そこで，赤沢鍾美は**新潟静修学校付設保育施設**を開設した[28]。

28）これが日本最初の保育所といわれている。

3 石井亮一（1867-1937）

1891（明治24）年の濃尾大地震で，親を亡くした少女たちが人身売買されていることに心を痛めた石井亮一は，女児を引き取って聖三一孤女学院を開設した。石井は，そのなかに知的障害児がいることに強い関心を寄せて二度にわたり渡米し知的障害者教育を学んだ。帰国後，この施設を**滝乃川学園**と改称して，知的障害児・者教育の専門機関とした[29]。

29）日本における知的障害児・者施設の先駆的活動である。

4 石井十次（1865-1914）

石井十次は岡山で医師を目指していたが貧しい母子に出会い，その子どもを預かってから，孤児救済の道に進んだ。その後，石井は1892（明治25）年に，日本で最初の本格的孤児院（現在の児童養護施設）を創設した（後に**岡山孤児院**）。

（提供：石井記念友愛社）

その後，濃尾地震や東北地方一帯の冷害により，家庭を失った多くの子どもを引き取り，施設の子ども数は一時1200人にも達したという。当時の施設は寄付金が主な資金であったが，石井の生き方に感銘した岡山県倉敷市の紡績会社社長，大原孫三郎が石井の活動を資金援助していた。石井は子どもに労働を通じて教育をすることが大切であると考えていた。また，里親制度のように幼児を家庭に預ける実践も行っていた。

5 留岡幸助（1864–1934）

神学校を出た留岡幸助は北海道空知集治監（刑務所）で教誨師をしていた。そこにいる少年は大人と同じ罰を受けていた。そのような子どもは，幼いころから家庭での温かい家族関係の経験がなく，教育も受けていないことに気づいた留岡は渡米して感化事業を学んだ。帰国後，留岡は1899（明治32）年に社会事業として巣鴨に不良少年感化のための少年教護施設（感化院，現制度の児童自立支援施設）である**家庭学校**を創設した[30]。

30）現在では，児童自立支援施設北海道家庭学校がその実践と思想を受け継いでいる。

6 野口幽香（1866–1950）

東京女子高等師範学校（現・お茶の水女子大学）卒業後，華族女学校付属幼稚園に通勤する途中，幽香は貧しい家庭の子どもたちの姿を見た。勤務している華族女学校付属幼稚園にいる子どもたちとその子どもたちの違いに驚いた野口幽香は貧しい家庭の子どものための幼稚園設立を斎藤峯[31]とともに考え，1900（明治33）年に**二葉幼稚園**（貧民幼稚園・保育所）を開設した。斎藤峯は，津田梅子の世話でアメリカの西海岸で貧民幼稚園の勉強をしたのち，麹町平河町で一年ほど私立の幼稚園を開いており，野口の信頼を得て，二葉幼稚園の開設時に保母となった。斎藤峯も野口も，当時日本の幼児教育に多大な影響力をもっていたフレーベルの信奉者であった。二葉幼稚園では親との懇親会や家庭訪問なども行い，1922（大正11）年に母の家（母子生活支援施設）を付設した。

31）斎藤峯の表記は，森島峰（私立二葉幼稚園設立者履歴書記載），森島美根（『二葉保育園85年史』本文），森島みね（私立二葉幼稚園開設主意書：自筆），結婚後は斎藤峰（私立二葉幼稚園第12回報告まで），斎藤峰子（私立二葉幼稚園第13回報告以後）と多々あるが本書では『二葉保育園85年史』において巻頭を飾っている肖像（野口幽香とともに写っている写真）に用いられている斎藤峯を用いた。
参考：上笙一郎・山崎朋子『光ほのかなれども』朝日新聞社，1980
村松末広 編集代表『二葉保育園85年史』社会福祉法人二葉保育園，1985

7 高木憲次（1888–1963）

高木憲次は，大正末期に肢体不自由児施設の原型といわれるドイツのクリュッペルハイムを見て，日本にも肢体不自由児施設が必要と考えた[32]。その高木が**東京整肢療護園**を設立したのは，1942（昭和17）年のことであった。肢体不自由児の父といわれた彼は「療育」という言葉を初めて使っている（1942）。

32）高木は昭和の初めに「肢体不自由」という言葉を示し，差別的な言葉で肢体不自由児・者を呼ぶことを避けた。

8 糸賀一雄（1914–1968）

糸賀一雄の言葉に「この子らを世の光に」がある。糸賀は，言葉がなく自分の体も思うようにならない重症心身障害児を「世の光」と言った。社会全体のあり方を，この子どもたちが教えてくれるというのである。滋賀県の役人であった彼は，1946（昭和21）年に知的障害児のための施設である**近江学園**を創設し，1963（昭和38）年に重症心身障害児のための施設**びわこ学園**を設立した。どのように障害が重い子どもも，その子なりの発達を保障されるべきだという，子どもの権利として**発達保障**の概念を示したのは糸賀である。

（提供：糸賀一雄記念財団 HP）

3. 現代社会と子ども家庭福祉

子どもは家庭のなかで育つ。家族のありようが子どもの育ちに影響する。現代の子どもと家庭はどのような状況にあるのだろうか。

(1) わが国の世帯の構造

S子さんの視点から家族の変化をみていこう。

S子さんは26歳で，生まれたときから同じ町に住んでいる。S子さんが小さかったころは，隣近所にも同じくらいの年齢の子どもがたくさんいた。しかし，最近は近所に子どもがいる家庭が減っているような気がするし，子どもが町中で遊ぶ姿もあまり見かけない。S子さんは3人きょうだいだが近所にはひとりっ子の家が多い。

「オレオレ詐欺に気をつけよう」という回覧板が先日回ってきた。町には，お年寄りだけで暮らしている家が多いのだ。

S子さんは祖父母と一緒に住んでいる。できれば自分が結婚したあともこの家に同居したいと思っている。友人で，すでに結婚して子どもが生まれた人もいるが，親とは同居していない。そのような友人は，子どもを預けて出かけるときやパートに行くときは実家を頼っている。しかし，実家から遠くに住んでいたり，両親が働いていたりする専業主婦の友人は実家に頼れず，いつも「自分の時間がほしい」と愚痴を言っている。共働きの友人は，夫婦間の家事育児の分担で悩んでいるようだ。

S子さんは先日，子どもがまだ1歳にもならない友人から「離婚して実家に戻っているから会わない？」という電話をもらった。そういえば，S子さんの同僚には40代の女性Rさんがいる。Rさんも離婚して子どもをひとりで育てているそうだ。係長のTさんは去年奥さんを亡くしている。女の子ふたりを育てているので，いつもS子さんに女の子の気持ちについて聞いてくる。『ひとりで子どもを育てるのって大変だろうな』とS子さんは思った。

家族の変化には地域差がある。あなたの住んでいる地域ではどうだろうか？　全世帯の変化とともに，子どものいる家庭の変化をみていこう[33]。

33）図表1-1～1-6は，厚生労働省「国民生活基礎調査の概況」による。

図表1-1は，「末子の年齢階級別にみた仕事ありの母の割合」である。子どもがいる家庭全体では75.7％の母親が仕事をしており，末子の年齢が高くなると，仕事をしている母親の割合が高くなる傾向がみられる。

2010（平成22）年と比較すると，どの年齢階級においても仕事をしている母親の割合が高くなっていることがわかる。

図表1－1　末子の年齢階級別にみた仕事ありの母の割合

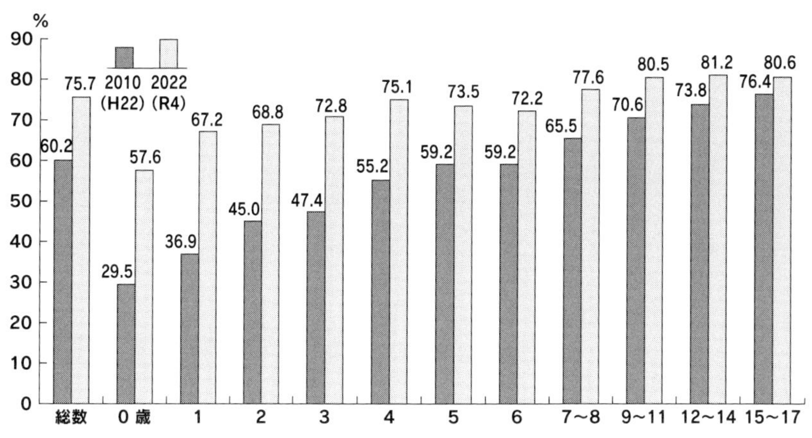

図表1-2は世帯構成の推移を示している。全世帯における単独世帯（ひとり暮らし）と夫婦のみ世帯の割合が増えていることがわかる。少子高齢社会であるわが国では，高齢者のひとり暮らし，子どもをもたない夫婦や高齢者夫婦が増えているという実態がここに反映されている。一方で，夫婦と未婚の子からなる世帯及び三世代世帯の，全世帯に占める割合は減っている。

図表1－2　世帯構造の変化（全世帯）　(%)

	1989(平成元)年	2022(令和4)年
単独世帯	20.0	32.9
夫婦のみ	16.0	24.5
夫婦と未婚の子	39.3	25.8
ひとり親と未婚の子	5.0	6.8
3世代世帯	14.2	3.8
その他	5.5	6.2

図表1-3からは全体的な世帯の大きさ（構成員数）が小さくなっていることがわかる。1989（平成元）年には平均3.1人つまり，3人以上の家族がいる世帯が平均値であったが，2022（令和4）年には家族構成員の平均数は2.25と約2人に減っている。

図表1－3　世帯構成員数の推移

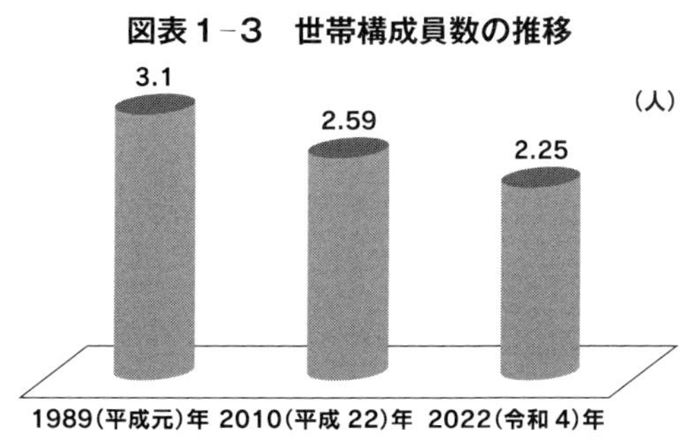

図表1-4は児童のいる世帯における世帯構造の変化である。1989（平成元）年，2010（平成22）年，2022（令和4）年の間に三世代家族が減少し，核家族世帯が増えていることがみてとれる。2022年で児童のいる世帯の構造をみると，核家族が一番多く84.4％，三世代家族が11.1％である。また，核家族世帯に占めるひとり親世帯の割合は7.5％である。

図表1－4　世帯構造の推移（児童のいる世帯）

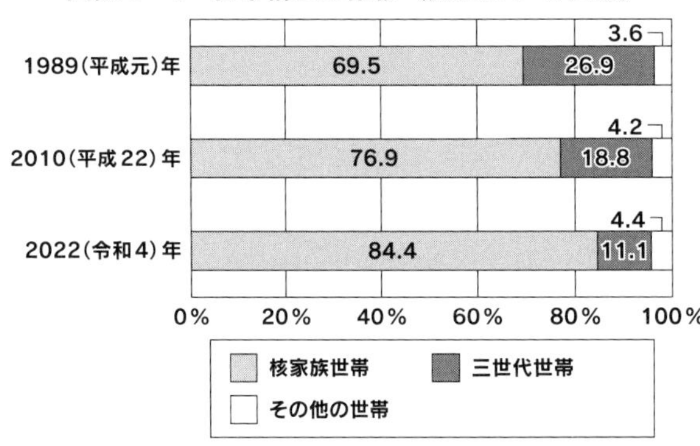

図表1－5　核家族世帯に占めるひとり親世帯の割合

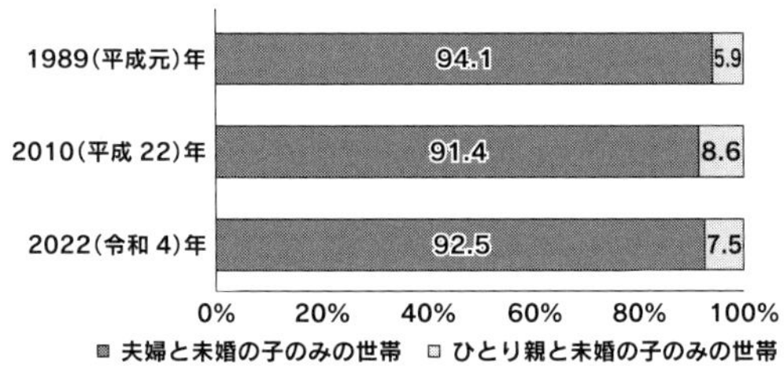

生活意識

図表1-6は，「生活意識別にみた世帯数の構成割合」である。2022（令和4）年時点では，「普通」と答えたものが最も多く，全世帯で42.1％いる。次に多いのが「生活がやや苦しい」と答えた31.0％である。しかし，「生活が大変苦しい」と答えたものが20.2％いることは見過ごせない。生活が苦しいか，そうでないかという2つの観点でこの図を見直してみよう。「生活がやや苦しい」と「生活が大変苦しい」とを合わせると51.3％，「普通」と「生活にややゆとりがある」，「生活に大変ゆとりがある」を合わせると48.7％となり，生活が苦しい世帯のほうが多いことがわかる。

また，同様に高齢者世帯と児童のいる世帯について生活が苦しいか，そうでないかという2つの観点で比較してみよう。高齢者世帯では，生活が苦しい世帯は48.3％であり，普通・ゆとりがある世帯は51.7％である。一方，児童のいる世帯では，生活が苦しい世帯は54.7％で，普通・ゆとりがある世帯は45.3％である。児童のいる世帯では，約5割の家庭に経済的な悩みがあることが読み取れる。

図表1-6　生活意識別にみた世帯数の構成割合（2022〔令和4〕年）

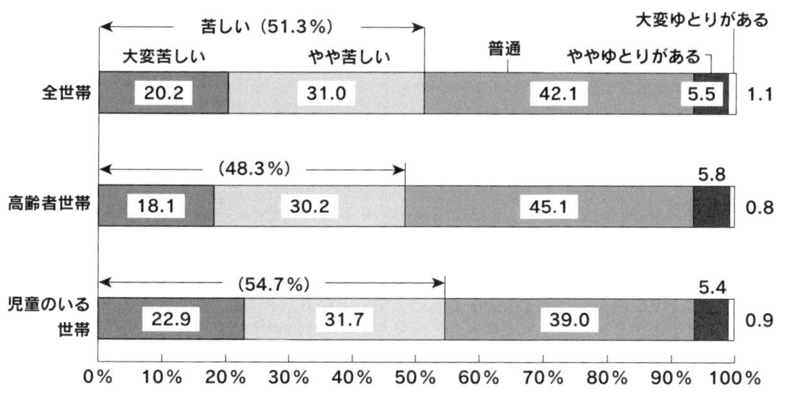

(2) 家族のコミュニケーション

図表1-7は，小学校5年生から18歳になるまでの子どもが親と家庭内で話している平均時間（1週間あたり）である[34]。

子どもが父親と会話をする時間は，0～4時間が31.9％で最も多い。母親と会話する時間は20～29時間が16.4％で最も多く，5～9時間（15.6％），10～14時間（14.3％）と続く。母親のほうが父親よりも子どもと話している時間数が長い。

図表1-7　子どもとの会話時間

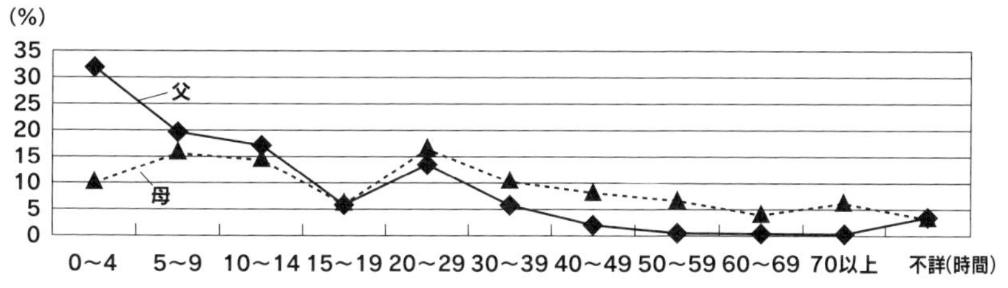

図表1-8
未就学の子どもと親がよく一緒にすること

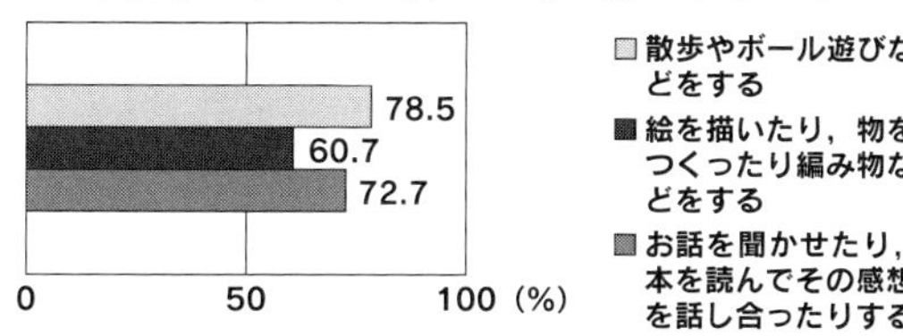

未就学の子どもをもつ親の78.5％は子どもと一緒に散歩やボール遊びなどをしている。絵を描いたり物を作ったりという制作系の遊びは60.7％の親がしている。また，絵本については読んでいる親が72.7％ということか

34）　図表1-7～1-9は，厚生労働省「平成26年度全国家庭児童調査結果の概要」による。
　この調査は小学5年から18歳未満対象。図表1-7では，父母のどちらかと別居している家庭は除いてある。また，子どもが複数いる場合はその合計時間となっている。

ら，絵本をあまり読んでもらっていない子どもも27.3％いることがわかる。

家庭でのしつけ

家庭のしつけがなされていないことが問題だといわれているが，図表1−9−①をみると，自分のしつけが「やや厳しい」と感じている母親は48.5％，父親は35.3％である。一方，図表1−9−②で子どもからみると，母親のしつけが「やや厳しい」と感じているものは31.0％，父親に対しては23.0％である。母親のしつけについて「とても厳しい」と感じている子どもが6.6％であり，父親に対しては5.7％である。父親と母親を比べてみると，母親自身も自分のしつけを厳しいと考えている割合が多い。子どもも母親のしつけのほうに厳しさを感じている割合がやや多い。

図表1−9−①

「父母とも同居」している世帯の子どもへのしつけの状況の構成割合

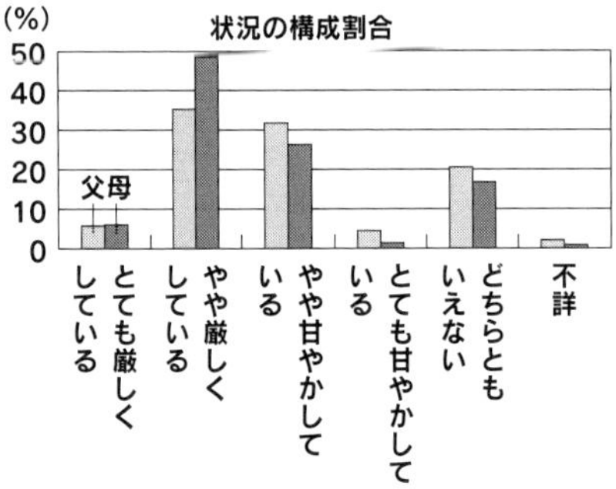

図表1−9−②

父母のしつけに子どもがどう思っているかの割合

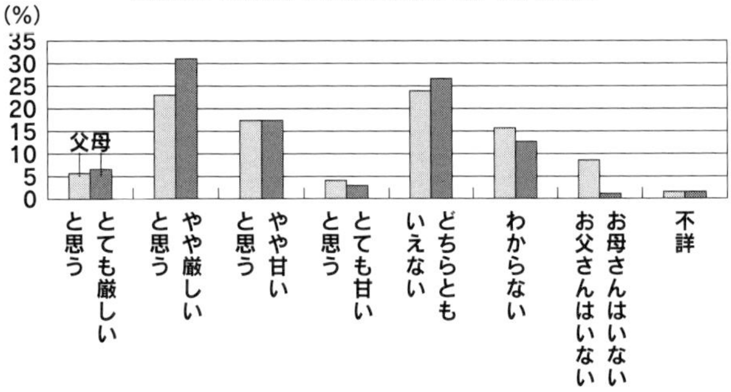

考えてみよう

グラフから読みとれる家族の様子を以下に書いてみましょう。

〈小テスト〉

①1909年第1回児童福祉ホワイトハウス（白亜館）会議で「(　　　　　　　　　)の原則」が宣言された。

②カッコ内にその人が設立した施設の名前を書きなさい。

池上雪枝（　　　　　　　　　　）　赤沢鍾美（　　　　　　　　　　）
留岡幸助（　　　　　　　　　　）　石井十次（　　　　　　　　　　）
石井亮一（　　　　　　　　　　）　野口幽香（　　　　　　　　　　）
高木憲次（　　　　　　　　　　）
糸賀一雄（　　　　　　　　　　)(　　　　　　　　　　）

③ここまでのグラフからわが国の世帯変化を読みとりましょう。1989（平成元）年と2022（令和４）年を比べると，増えていますか？　減っていますか？

1. 全体的な世帯の大きさ（構成員数）は＿＿＿
2. 児童がいる世帯における核家族世帯の割合は＿＿＿
3. 児童がいる世帯における三世代世帯の割合は＿＿＿
4. 核家族世帯におけるひとり親世帯の割合は＿＿＿

④何％ですか？

1. 2022（令和4）年度の児童のいる世帯における核家族は＿＿＿％ある。
2. 2022（令和4）年度の児童のいる世帯における三世代世帯は＿＿＿％ある。
3. 2022（令和4）年度の核家族世帯におけるひとり親世帯は＿＿＿％ある。
4. 2022（令和4）年度の児童のいる世帯で「生活が苦しい」と答えた世帯は約＿＿＿割いる。

＊ Column ＊

日本社会の実態を知るための国勢調査

わが国の実態を明らかにする最も基本的な統計調査は，国勢調査であり，1920（大正9）年から5年ごとに実施されている。10月1日午前零時現在にわが国に住んでいる外国人を含むすべての人に，男女，出生年月，5年前の居住地，就業状態，従業地・通学地，住居の種類などを質問紙で調査する。この結果は，政治や経済の計画などに生かされている。10年に一度本調査を行い，その5年後に質問項目が少ない簡易調査を行う。

発展編

1. 子ども家庭福祉の構造と児童観

(1) 子ども家庭福祉の構造

子ども家庭福祉の「福祉」の福の字にも祉の字にも幸せという意味がある。つまり子ども家庭福祉は18歳未満の子どもの幸せを願って，家庭も含めて支援する取り組みである。子ども家庭福祉の課題[35]を解決するためにはすべての人の協力が必要であるが，とくに危機的な課題には，福祉機関や保育所などの児童福祉施設の機能を活用し，そこで働く専門職が福祉の援助技術を駆使して対応している。

当事者，NPO，地域団体，児童委員，一般住民などは地域の課題や予防，早期発見などを中心に活動している。その際は自分たちが地域で活動すると同時に，専門職と連携して制度や法律を活用したり改正したりすることが求められる。専門職と住民の連携，そしてあらゆる社会資源を活用する幅広い実践が，子どもの幸せを護る子ども家庭福祉の全体像といえる（図表1−10）。

35） 子ども家庭福祉の課題には，子どもを安心して育てられる環境づくり，障害児が障害の程度や症状に応じて自立するための発達支援，ノーマライゼーション，ひとり親家庭支援，家庭への支援（子育て支援），虐待の早期発見と対応，健全育成，家庭で暮らせない子どもの養護などがある。

36） 著者作成

図表1−10　子ども家庭福祉の全体像[36]

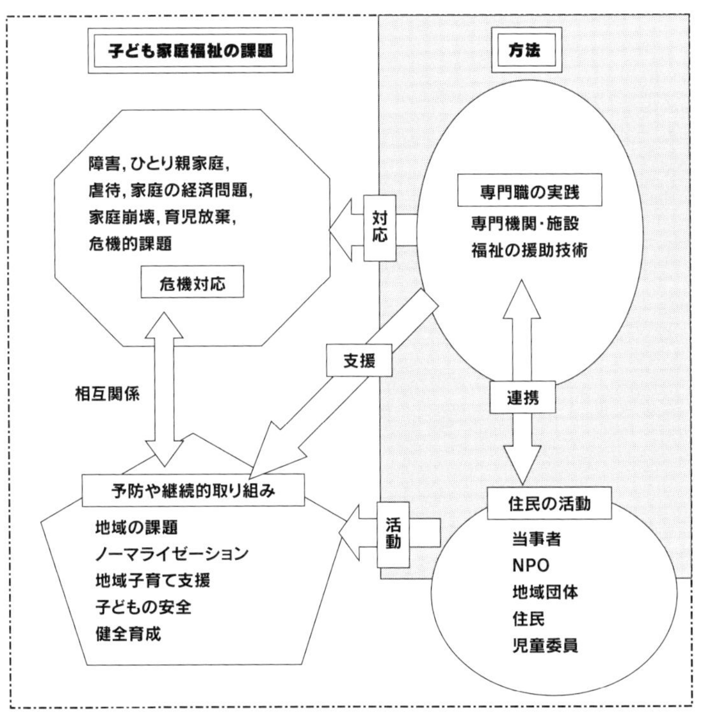

(2) 児童の権利に関する条約の児童観

1989（平成元）年の第44回国連総会において**児童の権利に関する条約**（子どもの権利条約）が，採択された。児童の権利に関する条約の内容は**国際人権規約**[37]が定める基本的人権を子どもの視点から規定しているものである。児童の権利に関する条約には能動的な児童観が示されている。能動的とは，護ってもらうだけでなく，自分の意見を言い，自分から行動し，自分の権利を護ろうとする権利主体のことである。児童の権利に関する条約では，社会がそのように子どもを理解し，対応することを求めている。日本は児童の権利に関する条約を1994（平成6）年に批准した。批准以降日本でも，子どもの**能動的権利**に着目されるようになった。

37）国際人権規約は，世界人権宣言の内容を条約化しており，人権条約のなかで最も基本的かつ包括的なものであり，1966（昭和41）年第21回国際連合総会で採択され，1976（昭和51）年発効した。内容は，「経済的，社会的及び文化的権利に関する国際規約（社会権規約）」と，「市民的及び政治的権利に関する国際規約（自由権規約）」，「市民的及び政治的権利に関する国際規約の選択議定書」から構成される。

2. データからみる現代の子ども

(1) 子どもの悩み

専門科目として子ども家庭福祉を学ぶとき，実証的なデータに基づいて現代の子どもの状況を捉える必要がある。現代社会に暮らす子どもについて，もっと知ってみよう。小学校5年生から18歳までの子どもを対象とした全国家庭児童調査（平成26年度／5年ごとに調査実施）の結果をもとに，子どもの不安や悩みについてみていこう。

子どもの不安や悩み

まず，不安や悩みの「ある」「なし」であるが，図表1-11でみると小学校5年生から18歳までの子ども全体の56.0％が，不安や悩みが「ある」と答えている。一方，不安や悩みが「ない」者も44.0％いる。

図表1-11　不安や悩みのあるなし

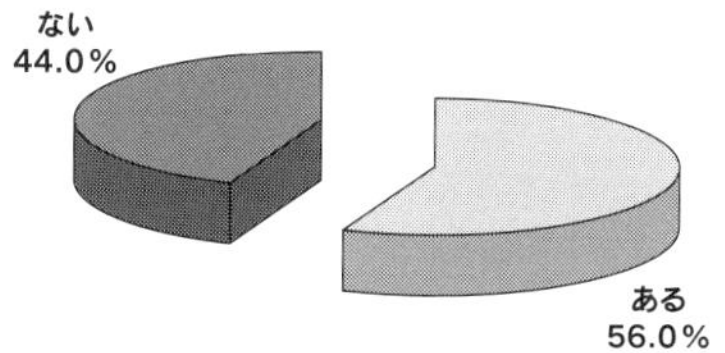

不安や悩みのあるなしの年齢による違い

どの年齢層で不安や悩みをもっている者の割合が多いのであろうか。図表1-12でみると，不安や悩みが「ある」者は，「就職・その他」で最も多く68.4％が「ある」と答えている。次に多いのが高校生で62.3％が「ある」と答えている。中学生では58.5％とやや少なくなる。小学生は43.8％という結果になっており，学年があがるほど不安や悩みをもつ割合が多いことがわかる。

図表1-12
年齢別不安や悩みのあるなし

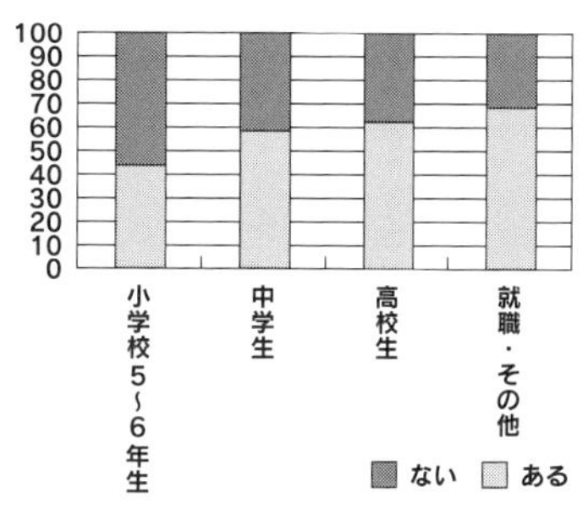

図表1－13
男女別不安や悩みのあるなし

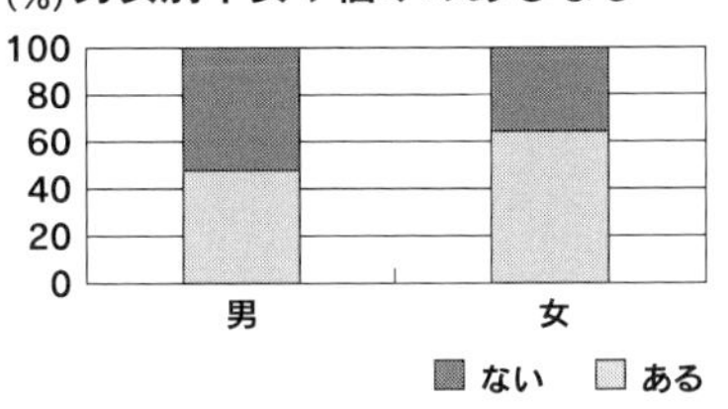

図表1－14　不安や悩みの種類

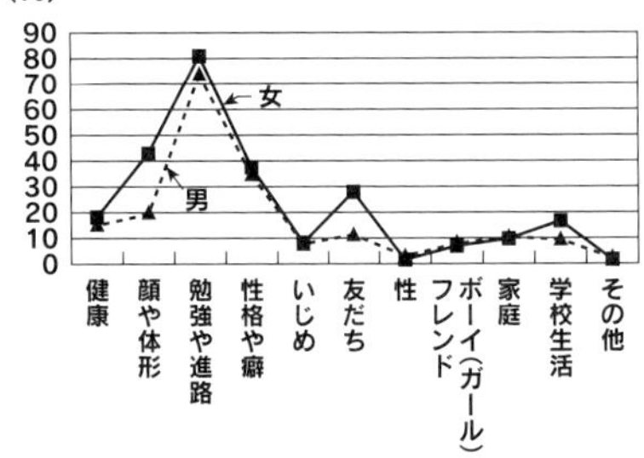

図表1－15　不安や悩みの相談相手

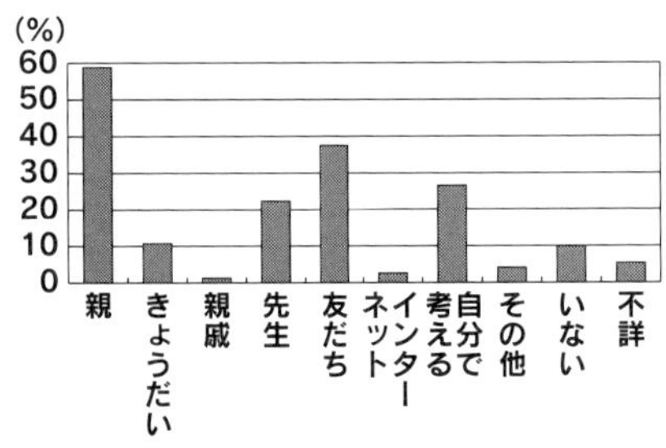

不安や悩みのあるなしの男女差

男女の違いを図表1-13からみると，女性のほうが不安や悩みをもっている割合が多く64.1％であった。男性は47.7％の者が不安や悩みをもっている。

最も多い不安や悩み

小学校5年生から18歳までの子どもの不安や悩みの内容について確認しよう[38)]。

図表1-14をみると，男女ともに「勉強や進路」に悩んでいる者が最も多い。男女による違いをみてみると，「勉強や進路」に悩んでいる者は，男73.4％，女80.9％で，女性のほうが多い。年齢層でみると，「勉強や進路」に悩んでいる者は，高校生（52.8％）及び中学生（50.0％）が高い割合となっている。

不安や悩みの相談相手

図表1-15をみると，小学校5年生から18歳までの子どもの悩みの相談相手は「親」が最も多く58.8％である。次が「友だち」で37.5％，次いで多いのが「自分で考える」の26.6％であった。

不安や悩みの内容により，相談相手が異なる。調査結果によると，健康についての不安や悩みについては親に相談する子どもが83.9％と高くなっているが，友だちに相談する者は20.4％である。異性の友だちに関することでは，友だちに相談している者は60.0％であるが，親に相談している者は27.5％であった。

38)　複数回答。不安や悩みをもっている者を100％とした割合。

(2) 子どもの暮らし

図表1-16は子どもの小遣いの額である。まず，1か月の中高生の小遣いについてみてみよう。中学生では平均2,536円，高校生では平均5,114円もらっている。しかし，中学生の16.6％，高校生の19.0％が小遣いを全くもらっていない。小学生は，月ぎめで小遣いをもらっている者と，時々もらっている者がいる。中学生の小遣いの使い道は，友人との外食・軽食代が1位で，2位がおやつなどの飲食物，3位が友だちへのプレゼントである。高校生は，1位と2位が中学生と同じで，3位が休日に遊びに行く交通費である。高校生で銀行や郵便局に貯金がある者は52.8％いる。また，家計を助けるためにアルバイトをしたことがある者が4.6％いた[39)]。

39)　金融広報中央委員会「子どものくらしとお金に関する調査（第3回）2015年度」2015年12月～2016年3月調査【株式会社日本リサーチセンターによる調査】による。図表1-16，1-17も同調査に基づいて作図。

図表1－16

子どもの小遣い額

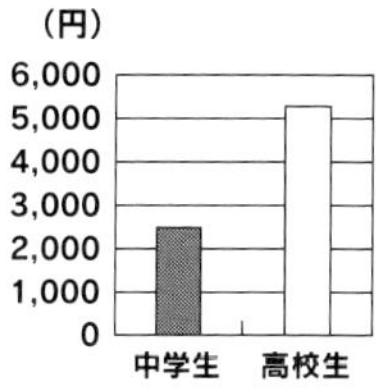

(円)
6,000
5,000
4,000
3,000
2,000
1,000
0
中学生　高校生

図表1－17

子ども(小学生)の小遣いのもらい方

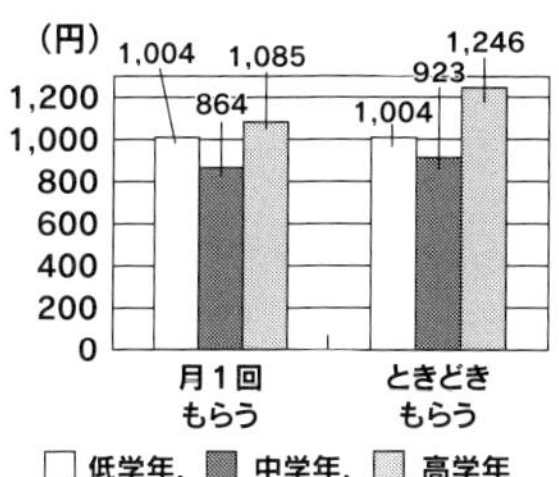

義務教育修了後の進路

98.8％の子どもが高等学校に進学しているが，その他の進路をとる子どももいる。そのうち，就職も進学もしていない子ども（その他）が56.0％いる。

図表1－18

中学校卒業後の高等学校以外の進路[40]

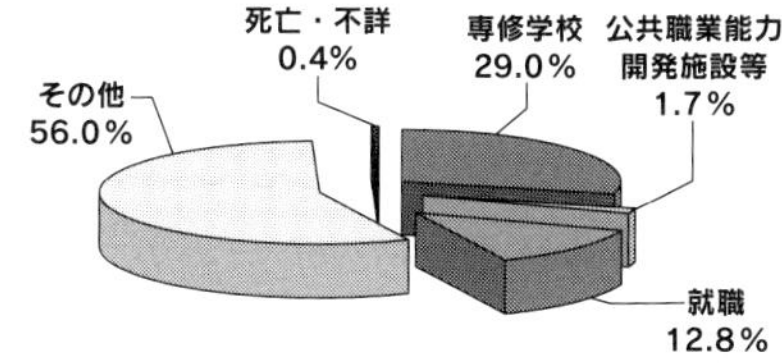

＊ Column ＊

新・放課後子ども総合プラン（2018）

国は，共働き家庭の子どもも，保護者が家にいる子どもも，放課後を小学校で過ごせるようにするという将来像を描いている。その計画が放課後子ども総合プラン（2014）及び新・放課後子ども総合プラン（2018）である。実施主体は教育委員会と福祉部局となる。

この計画は，放課後子供教室[41]と放課後児童クラブ[42]を一体型運営にし，小学校の施設を活用していくものである。

一体型運営の場では，すべての子どもに多様な体験や活動（宿題指導や補習，スポーツ，工作など）を提供する。また，特別な支援を必要とする子ども，特に配慮を必要とする子どもにも留意し，これまでの放課後児童クラブにあった生活の場としての機能も大切にするとしている。

国は，放課後子ども総合プランを次世代育成支援対策推進法（p.74参照）による行動計画策定指針に反映させ，都道府県と市町村は行動計画に反映させて推進していく[43]。

40）文部科学省「令和4年度学校基本調査（確定値）」，2022より作図。

41）放課後子供教室推進事業は，すべての子どもを対象に，地域に子どもの居場所を設けて，そこで活動する大人の参画のもとで子どもが様々な体験をする文部科学省による活動。

42）放課後児童健全育成事業（放課後児童クラブ）は，保護者が日中家にいない，共働き家庭などのおおむね10歳以下の小学生に生活や遊びの場を提供する，こども家庭庁（こども家庭庁発足以前は厚生労働省）による福祉施策。

43）国は，2023年度末までの目標を以下のように示している。
・放課後児童クラブ受け入れ児童数を約122万人から約152万人に増やす。
・新しく開設する放課後児童クラブの約80％（平成25年度は50％）を小学校内で実施する。
・全小学校区で放課後児童クラブと放課後子供教室を一体的にまたは連携して実施する（1万か所以上を一体型で運営）。

第 2 章

子どもの人権擁護

基礎編

1. 子どもの人権擁護の歴史的変遷
2. 児童の権利に関する条約
3. 子どもの人権擁護と現代社会における課題

発展編

1. 子ども観の変遷
2. 児童の権利に関する条約とわが国の現状

基礎編

1. 子どもの人権擁護の歴史的変遷

(1) 子どもの人権擁護の国際的な変遷

第1回児童福祉ホワイトハウス会議において「家庭尊重の原則」が宣言されたが，その後，第1次世界大戦[1]が起きた。この宣言は子どもの育つ場としての家庭を重視することを示している。

第1次世界大戦後の1924（大正13）年には，**児童の権利に関するジュネーブ宣言**が国際連盟により採択された。これは，国際機関が採択した世界初の児童の権利宣言である。

1) 1914（大正3）年から1918（大正7）年まで，27か国がヨーロッパを主戦場として戦った。

児童の権利に関するジュネーブ宣言（一部抜粋）

飢えた児童は食物を与えられなければならない。病気の児童は看病されなければならない。発達の遅れている児童は援助されなければならない。非行を犯した児童は更生させられなければならない。孤児および浮浪児は住居を与えられ，かつ，援助されなければならない。

児童は，危難の際には，最初に救済を受ける者でなければならない。

このような宣言がなされたにもかかわらず，1939（昭和14）年から1945（昭和20）年にかけて第2次世界大戦があり，多くの子どもが犠牲になった。

第2次世界大戦が終了した後「ジュネーブ宣言」の思想が受けつがれ，1959（昭和34）年に国際連合により児童の権利に関する宣言が示された。

その後，1989（平成元）年の第44回国際連合総会において**児童の権利に関する条約**（子どもの権利条約）が採択された。日本は，児童の権利に関する条約を1994（平成6）年に批准している。

図表2－1　子どもの人権擁護に関する主な国際会議・宣言

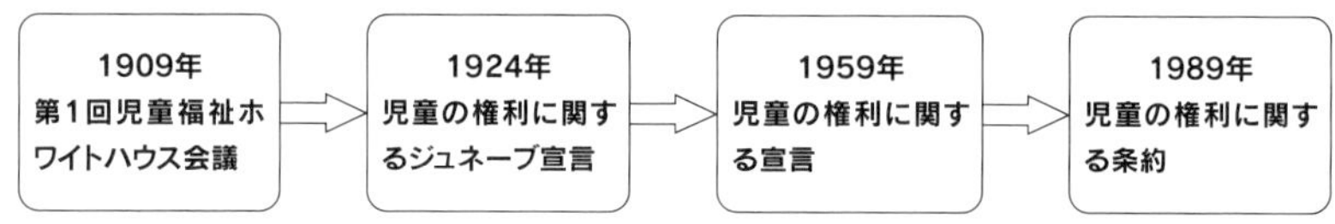

児童の権利に関する条約の批准から20年以上経過しているが，条約の柱の一つである「参加する権利」について，わが国では今なお十分な理解が得られていない。

ロジャー・ハートはその著書**『子どもの参画』**のなかで，子どもの参画は先進国といわれる国より，開発途上国において進んでいると述べている。そして，路上で暮らしている子どもたちや生活のために働く子どもたちは，豊かな社会の家庭の子どもよりも，生きる力に満ち，子どもの権利を実現していることに驚きを示している。

ハートはユニセフを通じて，児童の権利条約によって示されている子どもの権利であるコミュニティづくりなどへの子どもの参画に関する調査をした。彼は，子どもの能力や社会参加する力の獲得は，大人から与えられるだけの生活からは難しいということを参画のはしごというモデルを使ってレベル化して示している。

ロジャー・ハートの参画のはしご

1. 操り参画
　参画の中で最も段階が低い。大人が言いたいことを子どもの意見を装って言わせる。
2. お飾り参画
　子どもの意見であるように装うというあざむき方はしていないので，操り参画より1段階高い参画段階である。子ども自身は意味をわかっていないで，パフォーマンスをしている。
3. 形だけの参画
　子どもは意見を言っているのでインパクトがあるが，その意見は吟味されていないし，よく考えられていない。偽物の参画といえる。

〈以上は参画とはいえない〉

4. 社会的動員
　本物の参画の条件は満たしていない。子どもは表面に立ち行動しているが，大人が選んだ情報を与えられており，考えて行動しているわけではない。
5. 子どもは大人から意見を求められ，情報を与えられる参画
　大人が計画し運営するが，子どもたちはプロセスを理解し，意見を求められ，その意見を大切に扱われる。
6. 大人が着手し，決定に子どもも参画
　細部や実際の計画は大人（専門家）がするが，子どもは机上でその内容を理解している。子どもは意見を言い，決定を大人と一緒に行う。このプロセスで子どもに能力と自信を育てる。
7. 子どもが始め，指揮をする参画
　子どもが企画し，運営し，評価をする。大人は子どもの能力を認め，発言を尊重し，支配しない。
8. 子どもが始めた活動に大人も巻き込む
　子どもは大人と一緒に活動しても大人は子どもを支配しようとはしないと信頼している。

(2) わが国における子どもの人権擁護の変遷

日本国内でも児童虐待防止法が1933（昭和8）年に施行されていた。しかし，この内容は現在の子どもの権利擁護とは視点がやや異なり，貧困により子どもを労働させることを禁止するものであった。

わが国で子どもの権利が意識化されたのは，第2次世界大戦後といえる。1947（昭和22）年の児童福祉法制定に伴い，上記の児童虐待防止法の目的が児童福祉法に統合され，同法は廃止された。

1951（昭和26）年には，子どもの育成に関して国の目指すべき姿を見据え，**児童憲章**が定められた。児童憲章には，子どもにかかわる大人や国の姿勢やなすべきことが示されているが，子どもに権利があるという視点に乏しく，子どもは大人から保護や支援を「与えてもらう」存在として表現されている。

児童憲章は「われらは，日本国憲法の精神にしたがい，児童に対する正しい観念を確立し，すべての児童の幸福をはかるために，この憲章を定める」としている。児童憲章には法的拘束力はないが，わが国の子ども家庭福祉の理念の一つの姿を示している。

児童憲章（全文）

われらは，日本国憲法の精神にしたがい，児童に対する正しい観念を確立し，すべての児童の幸福をはかるために，この憲章を定める。

児童は，人として尊ばれる。

児童は，社会の一員として重んぜられる。

児童は，よい環境のなかで育てられる。

一　すべての児童は，心身ともに健やかにうまれ，育てられ，その生活を保障される。

二　すべての児童は，家庭で，正しい愛情と知識と技術をもつて育てられ，家庭に恵まれない児童には，これにかわる環境が与えられる。

三　すべての児童は，適当な栄養と住居と被服が与えられ，また，疾病と災害からまもられる。

四　すべての児童は，個性と能力に応じて教育され，社会の一員としての責任を自主的に果たすように，みちびかれる。

五　すべての児童は，自然を愛し，科学と芸術を尊ぶように，みちびかれ，また，道徳的心情がつちかわれる。

六　すべての児童は，就学のみちを確保され，また，十分に整つた教育の施設を用意される。

七　すべての児童は，職業指導を受ける機会が与えられる。

八　すべての児童は，その労働において，心身の発育が阻害されず，教育を受ける機会が失われず，また，児童としての生活がさまたげられないように，十分に保護される。

九　すべての児童は，よい遊び場と文化財を用意され，わるい環境からまもられる。

十　すべての児童は，虐待・酷使・放任その他不当な取扱からまもられる。あやまちをおかした児童は，適切に保護指導される。

十一　すべての児童は，身体が不自由な場合，または精神の機能が不充分な場合に，適切な治療と教育と保護が与えられる。

十二　すべての児童は，愛とまことによつて結ばれ，よい国民として人類の平和と文化に貢献するように，みちびかれる。

1989（平成元）年に国際連合で採択された**児童の権利に関する条約**について，日本は，158番目の批准国として1994（平成6）年に批准した。批准国として，わが国は国連から国内の児童の権利擁護の状況を審査されるようになった。国連の審査を受けて，「児童買春，児童ポルノに係る行為等の処罰及び児童の保護等に関する法律」（現・「児童買春，児童ポルノに係る行為等の規制及び処罰並びに児童の保護等に関する法律」），「児童虐待の防止等に関する法律」など法的な整備を進めてきた。

2016（平成28）年の児童福祉法改正では，第1章総則第1条に「全て児童は，児童の権利に関する条約の精神にのつとり」として児童の権利に関する条約を児童福祉の理念に位置づけた。第2条では，「社会のあらゆる分野において，児童の年齢及び発達の程度に応じて，その意見が尊重され，その最善の利益が優先して考慮され」として，権利の主体としての子どもの姿を示している。2022（令和4）年には，児童の権利に関する条約に基礎を置く**こども基本法**が制定された。

図表2-2　子どもの人権擁護に関する日本の制度・理念

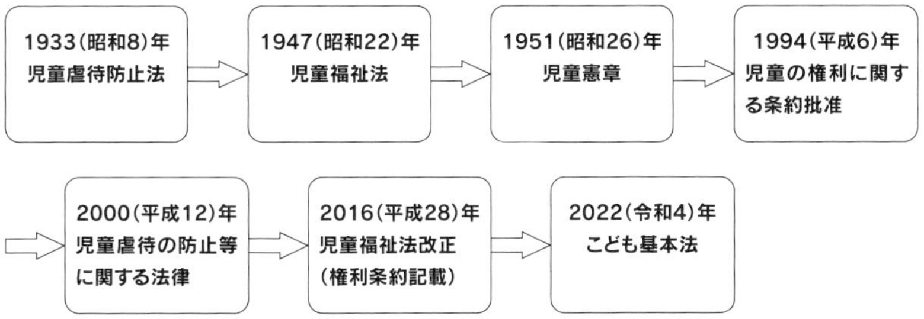

1933(昭和8)年 児童虐待防止法 → 1947(昭和22)年 児童福祉法 → 1951(昭和26)年 児童憲章 → 1994(平成6)年 児童の権利に関する条約批准 → 2000(平成12)年 児童虐待の防止等に関する法律 → 2016(平成28)年 児童福祉法改正（権利条約記載） → 2022(令和4)年 こども基本法

2. 児童の権利に関する条約

(1) 児童の権利に関する条約の子ども観

前述したとおり，児童の権利に関する条約（以下「条約」）は，1989（平成元）年第44回国連総会において採択された。わが国は1990（平成2）年に署名し，1994（平成6）年に批准した。「条約」は国際的な約束事であり，「条約」の内容を締約国は守る義務がある。そこで，日本も「条約」を批准する際に，児童福祉法をはじめとする国内の法や制度を整備した。

「条約」には，国際的な**子ども家庭福祉の理念**が明示されており，そこには社会に生きる人としての子どもの権利が一つひとつ述べられている。「条約」の柱となる「生きる権利」「育つ権利」「守られる権利」「参加する権利」は，国や文化にかかわらず等しく保障されるべきものである。「条約」の条文を通じて子どもの権利を確認してみよう。

〈児童の定義〉

第1条　【要旨】（前略）児童とは，18歳未満のすべての者をいう[2)]。

2)　ただし，当該児童で，その者に適用される法律によりより早く成年に達したものを除く。

世界の児童の人権の尊重，保護の促進を目指したものである。児童の定義について，「条約」では，「18歳未満のすべての者」としている。

〈差別の禁止〉

第2条[3]　【要旨】締約国は，（中略）いかなる差別もなしにこの条約に定める権利を尊重し，および確保する。

第2条を読むと「条約」を締約した国の責任の重さが感じられる。そこには子どもを権利の主体として理解する「条約」の子ども観がある。

それは子どもの力を信じる**ストレングス視点**や**エンパワーメント実践**[4]である。

3）第２条（差別の禁止）
１　締約国は，その管轄の下にある児童に対し，児童又はその父母若しくは法定保護者の人種，皮膚の色，性，言語，宗教，政治的意見その他の意見，国民的，種族的若しくは社会的出身，財産，心身障害，出生又は他の地位にかかわらず，いかなる差別もなしにこの条約に定める権利を尊重し，及び確保する。

4）エンパワーメントとは単に力をつけることではない。エンパワーメントのパワーには権力という意味が含まれており，少数民族や女性，有色人種など，社会的に権利を奪われている人たち自身が自分の権利に気づき，発言力をもち，社会や政治に影響力をもつようになることへの支援を意味する。

ストレングス視点とエンパワーメント実践

人の力を引きだす支援をエンパワーメント実践という。エンパワーメント実践では，社会的に弱い立場にある人が自分のもっている権利に気づき，社会に向けて自ら行動できるように支援していく。その根底には人がもっている強さや回復力を信じるストレングス視点がある。これは，セルフアドボカシー（自分の権利を自ら護ること）にもつながっていく。

(2) 児童の権利

〈児童の最善の利益〉

第3条[5]　【要旨】措置に当たっては，児童の最善の利益が考慮される。

児童の最善の利益は「条約」のキーワードである。すべての事項は「児童の最善の利益」をもとに考えられている。「児童の最善の利益」が大切なことについては誰も反対しない。しかし，「児童の最善の利益」が何かということについて具体的な事例をあげて話し合ってみると，それぞれの考え方がちがうことがある。

5）第３条（児童の最善の利益）
１　児童に関するすべての措置をとるに当たっては，公的若しくは私的な社会福祉施設，裁判所，行政当局又は立法機関のいずれによって行われるものであっても，児童の最善の利益が主として考慮されるものとする。

〈生命権，生存・発達の確保〉

第6条[6]　1　締約国は，すべての児童が生命に対する固有の権利を有することを認める。

大変に基本的なことであるが，子どもが生きていくこと，人として発達していくことを保障することが求められている。そしてそのために，子ど

6）第６条（生命権，生存・発達の確保）
２　締約国は，児童の生存及び発達を可能な最大限の範囲において確保する。

もの最善の利益という考え方で子どもが最も発達できるような環境や機会を提供し，支援していくことが国の役割であることも示している。

〈氏名，国籍，親を知り養育される権利〉

第7条 1　児童は，出生の後直ちに登録される。児童は，出生のときから氏名を有する権利及び国籍を取得する権利を有するものとし，また，できる限りその父母を知りかつその父母によって養育される権利を有する。

子どもが自分の体と心の居場所を得ることを保障するために，名前や所属する国を得て，自分の親によって育てられる権利について述べている。

〈親からの分離禁止と分離に関する規定〉

第9条[7)] 1　締約国は，児童がその父母の意思に反してその父母から分離されないことを確保する。

子どもの親が子どもと暮らそうと思っている場合は，子どもが親と一緒に暮らせるようにすべきことを述べているが，虐待や親の別居の場合はまた別であるとされている。しかし，児童の最善の利益に反しない場合は，子どもが両親と会ったり，通信したりする権利があることも述べている。

Mさん（10歳）は2歳のときから児童養護施設で暮らしている。母親の育児放棄でMさんは入所しており，母親は今もMさんを引き取るつもりはないという。母親は，内縁の夫と一緒に他県で暮らしている。

Mさんは学校の作文で自分の夢として『保育士』と書いた。「子どもの世話をする仕事をしたい」と作文に書いたとき，自分の親はどこにいるのだろうかと思う気持ちが強くなり，施設の担当保育士に聞いてみた。

---

7)　第９条（親からの分離禁止と分離に関する規定）
1　締約国は，児童がその父母の意思に反してその父母から分離されないことを確保する。ただし，権限のある当局が司法の審査に従うことを条件として適用のある法律及び手続に従いその分離が児童の最善の利益のために必要であると決定する場合は，この限りでない。このような決定は，父母が児童を虐待し若しくは放置する場合又は父母が別居しており児童の居住地を決定しなければならない場合のような特定の場合において必要となることがある。

事例について考えてみよう

あなたがその保育士なら，Mさんにどう答えますか？

「できるかぎりその父母を知り」ということに対し，わが国では，児童養護施設などで具体的課題が発生することがある。かつては，「子どもの

ために，親は死んだことにしておこう」とか「子どもに親のことを話すとショックを受けるだろうから，黙っていよう」というような「温情（目下の者への思いやり）」があった。支援者は子どもより何でもよくわかっているから，何もわからず，弱い子どものために判断する，という「恩恵的（パターナリスティック）」な考え方である。

しかし，「条約」は子ども自身に自分の親を知る権利があることを示している。この根底にあるのは「子どもには，事実を受け止める力がある。子どもはつらくても現実を知り，それを自分で乗り越えることにより，人生を自分のものにできる」というストレングス視点であり，子どもへの信頼感である。もちろん，その力を育てる（エンパワーメント）ような環境や支援を用意し，適切なタイミングをはかるという大人の責任がある。

〈意見表明権〉

第12条[8]　【要旨】自由に自己の意見を表明する権利を確保する。

〈表現・情報の自由〉〈思想の自由〉

第13条[9]　【要旨】表現の自由についての権利を有する。

第14条 1　締約国は，思想，良心及び宗教の自由についての児童の権利を尊重する。

意見表明権の根底には，子どもは自分のことに関して，その子どもの年齢なりに意見をもつことができるであろうし，子どもの意見を取り入れることは「児童の最善の利益」につながるであろうという，子どもの力を信じる考え方がある。

子どもの意見表明は，大人が与えた立派な結論を子どもに言わせることではない。意見表明ができる子どもを育てるためには，子どもが自分で考えたことを試してみて，成功や失敗を体験できる環境を整えることが前提となる。そして，子どもは表明した自分の意見を尊重される経験を経て，徐々に自分らしい生き方ができるようになる。

〈父母の第一義的養育責任と国の援助〉

第18条[10]　【要旨】児童の養育及び発達について父母が共同の責任を有する。

Ｋさんの両親は３年前に離婚して，Ｋさんは母親と一緒に暮らしている。離婚するまで専業主婦だったＫさんの母親は，離婚してから職についたが，朝から晩まで働いても収入は少ない。Ｋさんは高等学校の修学旅行を控えて費用の支払いがで

8）　第12条（意見表明権）
1　締約国は，自己の意見を形成する能力のある児童がその児童に影響を及ぼすすべての事項について自由に自己の意見を表明する権利を確保する。この場合において，児童の意見は，その児童の年齢及び成熟度に従って相応に考慮されるものとする。
2　このため，児童は，特に，自己に影響を及ぼすあらゆる司法上及び行政上の手続において，国内法の手続規則に合致する方法により直接に又は代理人若しくは適当な団体を通じて聴取される機会を与えられる。

9）　第13条（表現・情報の自由）
1　児童は，表現の自由についての権利を有する。この権利には，口頭，手書き若しくは印刷，芸術の形態又は自ら選択する他の方法により，国境とのかかわりなく，あらゆる種類の情報及び考えを求め，受け及び伝える自由を含む。

10）　第18条（父母の第一義的養育責任と国の援助）
1　締約国は，児童の養育及び発達について父母が共同の責任を有するという原

きるか心配である。今年，高等学校に入学した弟の学用品や制服にお金がかかったことを知っているからである。離婚した父親からは，初めの1年間は養育費が支払われていたが，最近は音沙汰がない。

子どもの親としての責任や親子関係は戸籍上の夫婦関係からは直接の影響は受けない。子どもの親は離婚しても親であることに変わりないことをわが国でもさらに理解する必要がある。

〈保護者の虐待・放任・搾取からの保護〉

第19条[11] 【要旨】保護者や実際に子どもを養護している人，たとえば施設職員などからの身体的，精神的な暴力や育児怠慢（ネグレクト），性的虐待を禁止している。

わが国は，1994（平成6）年に「条約」を締結し，2000（平成12）年に児童虐待防止法の制定をしている。

＊ Column ＊

ハーグ条約

ハーグ条約（国際的な子の奪取の民事上の側面に関する条約）は，国際結婚で子どもを一方の親が勝手に自分の国へ連れ帰ったり，監護権を主張したりということが増えたことに対応して1980年につくられた国際条約である。国際結婚した夫婦の一方が子どもを生活していた国から勝手に連れ去ることで，子どもがそれまでの人間関係や生活環境から引き離されて悪い影響が出ることを防ぐことがこの条約の目的である。

双方の国がハーグ条約を締結している場合，連れ去られた子どもは元暮らしていた国に戻すことが原則である。また，違う国に暮らすことになった親と会えるように国による支援が得られる。

日本は，2014年にハーグ条約に署名し，発効した。それまで日本では，海外で結婚生活をしていて虐待やDV（夫婦間暴力）があって日本に子どもを連れて逃げ帰ったのに，ハーグ条約により子どもをもとの国（もう一方の親）に返すことになるかもしれない，ということが心配されていた。

さらに，ハーグ条約に加盟していないときは，日本で国際結婚をして離婚し，一方の親が海外へ勝手に子どもを連れ去ってしまった場合に，その子どもを取り返す手段がなかった。また，海外で国際結婚した日本人が長期に子ども連れで日本に帰ろうとしても，日本がハーグ条約に加盟していないので，もしそのまま帰らなかった場合に子どもを連れ戻す方法がないという心配があって出国が許可されないということが起きていた。

ハーグ条約への加盟により，上記のような事態を回避できるようになった。さらに，日本から一方が子どもを連れ去っても，この条約により子どもは日本に連れ戻されるので，強引な連れ去りへの抑止力になるといわれている。

則についての認識を確保するために最善の努力を払う。父母又は場合により法定保護者は，児童の養育及び発達についての第一義的な責任を有する。児童の最善の利益は，これらの者の基本的な関心事項となるものとする。

2 締約国は，この条約に定める権利を保障し及び促進するため，父母及び法定保護者が児童の養育についての責任を遂行するに当たりこれらの者に対して適当な援助を与えるものとし，また，児童の養護のための施設，設備及び役務の提供の発展を確保する。

3 締約国は，父母が働いている児童が利用する資格を有する児童の養護のための役務の提供及び設備からその児童が便益を受ける権利を有することを確保するためのすべての適当な措置をとる。

11） 第19条（保護者の虐待・放任・搾取からの保護）

1 締約国は，児童が父母，法定保護者又は児童を監護する他の者による監護を受けている間において，あらゆる形態の身体的若しくは精神的な暴力，傷害若しくは虐待，放置若しくは怠慢な取扱い，不当な取扱い又は搾取（性的虐待を含む。）からその児童を保護するためすべての適当な立法上，行政上，社会上及び教育上の措置をとる。

〈障害児の尊厳・権利の確保〉

第23条[12)]【要旨】障害を有する児童は，尊厳を確保し，自立促進，社会参加，十分かつ相応な生活を享受できる。

Bさんは車椅子を使って暮らしている小学5年生で，地域の学校に通っている。来週の遠足をクラスの友だちは楽しみにしているが，Bさんは不安な気持ちである。

去年の遠足は，電車による見学であったが，見学先が多く，車椅子を押した介助員が急ぎ足で皆の列についていった。レンガ敷きのおしゃれな歩道はガタガタするし，横断歩道では歩行者信号が赤になりそうで駆け足だった。駅ではエレベーターがホームの端にあったりするので，皆と同じ電車に乗り遅れそうになった。先生たちはほかの生徒の引率に精一杯で，それに気づかないようだった。見学先によっては車椅子で中に入れず，外で待っていることもあった。

地域の障害児の会では「以前は遠足のときには欠席するように学校から言われた」と聞いた。それよりはましなのかもしれない。しかし，皆と同じように遠足を楽しみにするのは自分には望めないことなのかな……と思うBさんだった。

障害があるのだから，我慢しても仕方ないだろうという考え方をあなたはしたことがないだろうか？　誰でも与えられた条件のなかで生きているが，障害があってもなくてもすべての子どもに豊かな社会体験ができる環境を用意することが求められる。また，障害児との対等なかかわり方を子どもたちに伝えていくのは大人，とくに保育者や教育者の仕事であろう。

〈健康・医療への権利〉

第24条[13)]【要旨】健康を享受，病気の治療及び健康の回復のための権利がある。

すべての子どもには，**健康的に暮らす権利**があり，病気になったときには**医療にかかる権利**を保障するべきである。世帯主が保険料を1年以上滞納した場合，自治体の判断で保険証の返還を求める。保険証がないと，医療機関の窓口でいったん全額を払うことになるため，必要な治療を受けにくくなるといった事態が想定される[14)]。

Cちゃんは7歳である。両親は仕事がうまくいかないので収入が少なく，健康保険の保険料を支払っていない。そのようなわけで病院にかかると自費になり費用が高いので，Cちゃんは病気でも病院にかかれない日が続いていた。このような状況に気づいた地域の民生・児童委員は，Cちゃんの両親に資料などを渡しつつ市役所で相談するよう促した。軽減制度や減免制度などもあるという。

12）第23条（障害児の尊厳・権利の確保）
1　締約国は，精神的又は身体的な障害を有する児童が，その尊厳を確保し，自立を促進し及び社会への積極的な参加を容易にする条件の下で十分かつ相応な生活を享受すべきであることを認める。
2　締約国は，障害を有する児童が特別の養護についての権利を有することを認めるものとし，利用可能な手段の下で，申込みに応じた，かつ，当該児童の状況及び父母又は当該児童を養護している他の者の事情に適した援助を，これを受ける資格を有する児童及びこのような児童の養護について責任を有する者に与えることを奨励し，かつ，確保する。
3　障害を有する児童の特別な必要を認めて，2の規定に従って与えられる援助は，父母又は当該児童を養護している他の者の資力を考慮して可能な限り無償で与えられるものとし，かつ，障害を有する児童が可能な限り社会への統合及び個人の発達（文化的及び精神的な発達を含む。）を達成することに資する方法で当該児童が教育，訓練，保健サービス，リハビリテーション・サービス，雇用のための準備及びレクリエーションの機会を実質的に利用し及び享受することができるように行われるものとする。

13）第24条（健康・医療への権利）
1　締約国は，到達可能な最高水準の健康を享受すること並びに病気の治療及び健康の回復のための便宜を与えられることについての児童の権利を認める。締約国は，いかなる児童もこのような保健サービスを利用する権利が奪われないことを確保するために努力する。

〈教育についての権利〉

第28条[15]　【要旨】教育についての児童の権利がある。

教育を受ける権利について，児童自立支援施設の例をみてみよう。1997（平成9）年の児童福祉法改正までは正規の学校教育ではなく，施設内で施設職員や教員資格をもった臨時職員などが教育をする「準ずる教育」がなされていた。しかし，1997年からは子どもの教育を受ける権利を護るために児童自立支援施設にも義務教育が導入されるようになった。

14）厚生労働省は，2022（令和4）年時点で国民健康保険の保険料を滞納している世帯は全国約194万世帯であると発表した。

15）第28条（教育についての権利）
1　締約国は，教育についての児童の権利を認めるものとし，この権利を漸進的にかつ機会の平等を基礎として達成するため，特に，
(a)　初等教育を義務的なものとし，すべての者に対して無償のものとする。
（後略）

〈小テスト〉

①第1次世界大戦後の1924年に（　　　　　　　　　）が国際連盟により採択された。

②児童は，（　　　　　　　　　）として尊ばれる。
児童は，（　　　　　　　　　）の一員として重んぜられる。
児童は，（　　　　　　　　　）のなかで育てられる。

③1989年の第44回国連総会において（　　　　　　　　　）が採択された。

④児童の権利に関する条約の第3条では（　　　　　　　　　）を考慮するように求めている。

⑤児童の権利に関する条約にある子どもの権利を4つあげてみよう。
（　　　　　　）（　　　　　　）（　　　　　　）（　　　　　　）

⑥人がもっている強さや回復力を信じる考え方を（　　　　　　　　　）視点といい，人の力を引きだす支援を（　　　　　　　　　）実践という。

⑦（　　　　　　　　　）は子どもの参画に関する調査をし，『子どもの参画』を著した。

3. 子どもの人権擁護と現代社会における課題

児童の権利に関する条約を批准したわが国の子どもの権利を護る仕組みはどうなっているのだろう。

(1)第三者評価事業

第三者評価とは，社会福祉法[16]で規定され，社会福祉事業の経営者に求められている福祉サービス評価の仕組みである。

16) 第78条 社会福祉事業の経営者は，自らその提供する福祉サービスの質の評価を行うことその他の措置を講ずることにより，常に福祉サービスを受ける者の立場に立つて良質かつ適切な福祉サービスを提供するよう努めなければならない。

施設にとっての第三者評価事業の利点

・自らが提供している福祉サービスを客観的に振り返ることができる。
・サービスの質を向上させる方法を検討できる。
・福祉サービスの内容を外部に知らせることができる。
・質の向上に努めるきっかけになる。

利用者にとっての第三者評価事業の利点

・福祉事業者のサービス内容を知ることができる。
・事業者を選んで利用することができる。
・利用している施設の運営に自分の意見を反映させることができる。

第三者評価の流れは以下である。評価は一定の基準にそって行われる。

図表2-3 第三者評価の流れ[17]

17) 著者作成

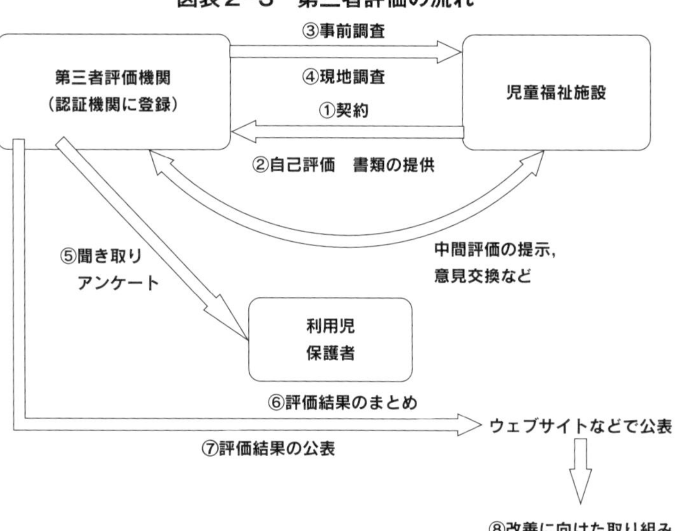

①契約

児童福祉施設が第三者評価機関と契約する。

②事前調査

児童福祉施設から第三者評価機関に送付された以下の資料で事前に調査する。

・事業所の書類
・自己評価結果
・利用者アンケート

③現地調査

3人程度の評価調査者が施設を訪問して以下のことを行う。

・施設見学
・行動観察
・関係書類の確認
・施設長や職員への聞き取りや意見交換
・利用児童への直接聞き取り

④評価結果のまとめ

・評価機関において結果をとりまとめる。
・中間評価を行いその課題を事業者（施設など）に提示・意見交換をする。
・必要なら再度実地調査を行う。
・結果についての合意を得るとともに最終評価結果公表についての同意を得る。

⑤評価結果の公表

評価機関が結果をインターネット上などに公表する。

⑥改善に向けた取り組み

評価は定期的に行う。

第三者評価に関係する機関

第三者評価機関

評価調査者を派遣して第三者評価事業を実施する。

認証機関

評価機関を認証する。

評価推進機関

評価調査者の養成や第三者評価機関の活動を推進する。

T保育所は，昨年第三者評価を受けた。第三者評価機関は，県の評価推進機関のウェブサイトに掲載されている認証を受けた機関からK社を選んだ。T保育所がK社と契約書を交わすと，自己評価表が送られてきたので，施設長と職員が記入して返送した。組織の概要に関する書類も事前にT保育所から郵送した。また，調査前に利用者アンケートが実施された。

評価調査当日に評価者3人がやってきて，職員室で書類を調べたり，施設内を観察しながらまわり，保護者からも話を聞いた[18)]。さらに，施設長と職員から話を聞き，訪問調査は終わった。

しばらくするとK社から評価結果が送られてきた。評価のなかで納得できないことがあれば，話し合いをしたり，再調査をしたりすることもできるという話だったが，評価結果は納得できるものだった。そこで，評価結果の公表についてT保育所も同意した。

現在，T保育所の評価結果はT保育所，K社，そして評価推進機関のウェブサイトで公表されている。

18) 保育所の第三者評価では保護者アンケートのほかに子どもへの聞き取り調査を行う場合もある。

■ 第三者評価の評価項目例

社会福祉サービス提供事業者としての運営・管理に関する内容

・基本方針と組織のあり方

・組織の運営管理システム

・サービス実施のプロセス

提供している福祉サービス独自の内容

・サービス実施における利用者の権利擁護姿勢

・当事者参加を保障する具体的な取り組み

・サービスの質の裏づけとなる文書や実践記録の有無

(2) 苦情解決の仕組み

社会福祉法では「社会福祉事業の経営者は，常に，その提供する福祉サービスについて，利用者等からの苦情の適切な解決に努めなければならない」（第82条）とされている。施設利用者が自分の意見を言いにくい現状を変えるために，施設はこの法律に基づいて**苦情解決の仕組み**をつくっている。児童福祉施設においても同じである。

苦情解決の仕組みでは，児童福祉施設に**苦情受付担当者**（施設職員）と**苦情解決責任者**（施設長など）を置き，**第三者委員**として施設外部の人を依頼する。利用者は苦情があれば，苦情受付担当者に申し出たり，意見を書いて受付箱に入れたりする。苦情受付担当者は，その意見を受け付けて苦情解決責任者に連絡する。

苦情解決の流れとしては以下がある。

①苦情の受け付けをする。

②本人が拒否しないかぎり第三者委員と苦情解決責任者と苦情を申し出た利用者が話し合いをして解決する。

③話し合いをしたが利用者が納得できない場合は，都道府県社会福祉協議会の**運営適正化委員会**[19] または都道府県に申し出る。

　または，施設等に直接言いにくい場合は，苦情受付担当者に申し出ないで都道府県社会福祉協議会の運営適正化委員会または都道府県に直接申し出ることもできる。

④解決した苦情について公表する。

19）運営適正化委員会では，相談，調査，助言をしたり，都道府県に通知したりする。都道府県は必要に応じて施設を監査したり，勧告したりする。

今後は，自分の意見をまとめにくい小さな子どもや障害児，職員に頼らなければならない子どもにとって苦情解決の仕組みを使いやすいようにしていくことが求められる。

児童養護施設Ｙ学園では主任が苦情受付担当者で，施設長が苦情解決責任者である。外部の第三者委員は，近所に住む弁護士のＺさんである。利用児が主任に苦情を申し出ると，どんな内容でも必ずそれを受け付ける。そして，第三者委員のＺさんと施設長と利用児が話し合いをする。

子どものほうからは苦情を言いにくいだろうと考えて，Ｚさんは月に２回，児童養護施設Ｙ学園に来て子どもたちの話を聞いている。児童養護施設Ｙ学園のリビングには「苦情を申し出て，話し合いをしても解決しなかったり，Ｚさんにも言いづらかったりする場合は，都道府県社会福祉協議会の運営適正化委員会または都道府県に言うことができます」というポスターが貼ってあり，連絡先の電話番号が書いてある。

---

(3) その他の子どもの権利を護る仕組み

子どもが自分で苦情受付担当者に申し出ることは難しい。そこで，ほかにも権利を護る仕組みを用意する必要がある。その方法として**子どもの権利ノートや子どもオンブズマン**がある。

①子どもの権利ノート

子どもの権利ノートは施設に入る子どもたちに渡される。このノートには，児童相談所（児童福祉司）の連絡先，施設で生活するときの約束事，子どもの権利の内容に関して，年齢に応じた形で書かれている[20]。

里親家庭における子どもの権利についての子どもの権利ノート里親家庭版も作られている。

子どもの権利ノートは地方自治体ごとに作られているが，その活用についてはまだ十分とはいえない実態がある。

20）権利ノートを配布する意味は，子どもに自分の権利の内容とその護り方を知らせるとともに，大人には子どもの権利を護る役割があるという確認をすることにある。

図表2-4　子どもの権利ノート[21]

施設や児童相談所の人は、あなたが悪いことをしたら「いけない」としかります。だからといって、ぶったり、いじめたり、悪口を言ったり、食事やおやつを食べさせなかったりはしません。

大人も子どもも、ぶったり、いじわるしたり、むししたりすることは、いけないことです。

そのようなことをされたら、施設のほかの人や児童相談所の人に「たすけて」と言ってください。どうしたらよいかあなたといっしょに考えて、あなたを助けます。

ほかの人がそのようなことをされているのを見たらおしえてください。おなじように助けます。

このノートの後に書かれているところに電話をしても助けてもらえます。

21　　22

21）東京都福祉保健局「小学生のための子どものけんりノート」（平成11年発行）

②オンブズマン

オンブズマン（オンブズパーソン）とは，代理人という意味である。オンブズマンは，市民として活動し，公的機関の違法行為を発見し，苦情を解決する。児童分野では，児童の権利に関する条約の内容にある子どもの権利や子どもの最善の利益について周知したり，権利侵害された子どもを護ったりする役割をもつ。子どもの権利擁護委員などもオンブズパーソンのひとつである。しかし，子どもオンブズパーソン制度は全国どこにでもあるわけではない[22]。

22）国分寺市オンブズパーソン条例，川西市子どもの人権オンブズパーソン条例など，条例をつくってオンブズパーソンの活動を促進していこうとしている地方自治体もある。

③スクールカウンセラーとスクールソーシャルワーカー

学校で子どもや家族が困ったときに相談にのる制度として，**スクールソーシャルワーク制度**や**スクールカウンセリング制度**がある。

スクールカウンセラーは，心理学の専門職（公認心理師，臨床心理士など）が子どもの話を聞き，心の整理を手伝う。また，教員や保護者への助言や援助も行う。文部科学省では，児童生徒の不登校や問題行動等の対応，災害や犯罪の被害児童生徒への心のケアのため，各都道府県・指定都市において中学校を中心にスクールカウンセラーを配置するために必要な経費の補助を行っている。

文部科学省は，子どもと家族，地域の課題解決のために2008（平成20）年度からスクールソーシャルワーカーをすべての都道府県に配置し，小中学校で活動させる方針を出している。スクールソーシャルワーカーは社会福祉の専門職（社会福祉士など）が，子どもの現状を社会環境のなかで把握し，子どもの力を生かしながら解決に向けて働きかけ，その権利を護る取り組みである。

スクールソーシャルワーカーのＳさんは，県内の小中学校を定期的に巡回している。県内の小中学校では，子どもの悩みを聞くだけではなく教師の相談にも応じている。自分が受け持つクラスの子どものことや，その家庭のことで相談に来る教師もいる。Ｓさんは児童委員や児童相談所，子どもが通っていた保育所などと連携しながら情報を集め，小中学校の教師と地域が連携できるように調整している。

＊ Column ＊

ユニセフの活動

ユニセフは，国連児童基金と訳され，世界中の子どもたちの権利を護る国際的な活動をする組織である。ユニセフは，「児童の権利に関する条約」を基盤に，世界各国に子どもの最善の利益のための政策を提案したり，民間で活動している人たちやグループとともに具体的な活動展開をしたりしている。

たとえば，国などによる予防接種が行われず子どもたちが亡くなっている国に，必要な予防接種を届けたり，予防接種の必要性についてのキャンペーンを行ったりして子どもの命を護っている。また，子どもが学校に行けるように教科書を届けたり，学校にトイレをつけたりもしている。ユニセフはこのような活動を支援する寄付金を世界中から集める活動をしている。

(4) 現代社会における子どもの人権擁護の課題

現代社会における子どもの人権を擁護するためには，公的に子どもオンブズマンなど第三者機関の設置をすることが望ましい。子どもの権利擁護について課題と考えられることについて概観してみよう。

①家庭と子どもに関する課題

離婚が多い時代にあって，両親の離婚による子どもの権利侵害を防ぐ法的整備や実際的な運用が求められる。まず，養育費の分担や面会交流の取り決めがされ，これを大人が守るための仕組みをつくることが子どもの権利擁護につながる。

離婚に関する国際的な課題としては，わが国がハーグ条約（前掲）を批准したことに伴い，子どもが相手国に連れ去られたときに連れ戻すための手続きや親子の面会交流の機会を確保するための手続きを進めることが可能になった。一方，DV や虐待から逃れて子どもと一緒に帰国した親が，子どもだけ元の居住国に戻されるという懸念もある（例外規定があるが，裁判を経る必要がある）。

②インターネット利用に関する課題

子どもがインターネットを使った犯罪の被害者となる事例が近年増えている。これについては新たな事象が次々と発生しており，子どもが意図せず加害者になる場合もある。インターネットは便利な反面，被害が広がりやすいことが課題といえる。子ども自身がインターネットリテラシーを身につけるための支援をするとともに，安全にインターネットを使える環境を整えることが必要である。

③障害児の社会参加に関する課題

インクルーシブ[23]な社会を目指して，障害のある子どもに多様な活動・学びの場や機会を提供できることが求められているが，現実には社会の意識や環境も追いついていない。障害者差別解消法（p.144参照）によって地域の状況は少しずつ改善しているが，十分な環境にはまだ遠いといえよう。障害児の意見表明権についても，本人や保護者，周囲との関係性も課題となり，本人の意向を重視することが難しい場合もある。

④いじめなどに関する課題

いじめによる自殺や不登校については，学校現場が課題視してはいるが，本人の置かれた環境全体を視野に入れるという福祉的視点が乏しい。加害した子どもに対する支援も行われない傾向がある。

そのようななか，2013（平成25）年に**いじめ防止対策推進法**が施行された。

いじめ防止対策推進法では，いじめが，いじめを受けた子どもの教育を受ける権利の侵害であること，子どもの心身の健全な成長と人格の形成に重大な影響を与えること，子どもの命と身体に重大な危険を生じさせるおそれがあることを指摘している。

同法の目的は，いじめ防止対策の基本理念を定め，いじめの防止等に関する国及び地方公共団体等の責務を明らかにし，基本的な方針の策定について定めるとともに，いじめの防止等のための対策の基本となる事項を定めることにより，対策を総合的かつ効果的に推進することである。

同法では，いじめを「児童等に対して，当該児童等が在籍する学校に在籍している等当該児童等と一定の人的関係にある他の児童等が行う心理的又は物理的な影響を与える行為（インターネットを通じて行われるものを含む。）であって，当該行為の対象となった児童等が心身の苦痛を感じているもの」と定義している。

⑤体罰に関する課題

学校における体罰については学校教育法で禁止されているが，「指導」という名目による体罰が散見される。家庭や施設での体罰については，児童虐待の防止等に関する法律[24]や児童福祉法において，誰による行為か，どのような場であるかにかかわらず許されないことが明記された（2019年改正・翌年施行）。

このようななか，体罰等によらない子育てのためのガイドライン（「体罰等によらない子育てのために―みんなで育児を支える社会に」）が国によって取りまとめられた。このガイドラインでは，しつけと体罰の違い

23）インクルーシブ，インクルージョンとは，障害や人種，国籍などを超えて多様な人々が対等にかかわり合いながらともに暮らすことができる状態を示す言葉である。

24）児童虐待の防止等に関する法律
（児童の人格の尊重等）
第14条　児童の親権を行う者は，児童のしつけに際して，児童の人格を尊重するとともに，その年齢及び発達の程度に配慮しなければならず，かつ，体罰その他の児童の心身の健全な発達に有害な影響を及ぼす言動をしてはならない。

上記は2022年の法改正後の条文である（p.74参照）。

や，なぜ体罰はいけないのか，また，体罰に頼らず子どもを育てるための工夫などについてわかりやすく示している。

⑥子どもの貧困に関する課題

2014（平成26）年の「子どもの貧困対策に関する大綱」により，幼児期から高等教育段階まで切れ目のない形での教育費負担軽減，貧困家庭への支援など，総合的な対策が推進されている。しかし，制度や情報のはざまにいる子どもの実態は表面化しない。子ども食堂など民間の取り組みがクローズアップされ，社会的気運は高いものの，そのような活動は住民の善意に頼る部分も多く運営の困難さは続いている。行政や他の事業との連携が十分図られているとは言い難い。

〈小テスト〉

①第三者評価は，（　　　　　　　　）法で規定され（　　　　　　　　）の経営者に求められている福祉サービスの評価の仕組みである。

②苦情解決の仕組みでは，施設に（　　　　　　　　）担当者と，（　　　　　　　　）責任者を置き，（　　　　　　　　）として施設外部の人を依頼する。

③（　　　　　　　　）ノートは，施設で生活する子どもの権利を護るために子ども自身に渡される。

④オンブズマンは（　　　　　　　　）という意味である。オンブズマンは市民として活動し，公的機関の（　　　　　　　　）を発見し，苦情を解決する。

⑤（　　　　　　　　），（　　　　　　　　）とは，障害や人種，国籍などを超えて多様な人々が対等にかかわり合いながらともに暮らすことができる状態を示す言葉である。

発展編

社会のなかで子どもがどのように位置づけられているか，社会や家族が子どもをどのように考えているかということ（子ども観）から，子どもの人権についての，その社会の意識がわかる。ここでは，**子ども観**に関する歴史的変遷についていくつかのトピックを通じて概観する。

1. 子ども観の変遷

(1)子どもと施設

わが国の子ども家庭福祉で生活型施設の果たしてきた役割は大きい。しかし，児童福祉法が制定されたころの日本の児童福祉施設は，職員は少なく，子どもの衣食住も貧しい状態であった。当時の施設は大きな寮での合宿のような暮らしであったが，屋根があり，食べるものがあり，寄り添ってくれる大人がいる環境は，家族のない子どもにはかけがえのない居場所となっていた。

一方，施設中心の児童福祉の展開に関しては20世紀初頭から，施設で育つ子どもの死亡率が大変に高いという施設症（**ホスピタリズム**）[25]という問題があった。やがて，第2次世界大戦後（1945年）になると，ホスピタリズムは子どもの心の問題として理解されるようになった[26]。1950（昭和25）年，WHOの調査を経て，イギリスの**ボウルビィ**がホスピタリズムについて，**アタッチメント**（愛着）の不全や欠如に基づくものであると報告した。

25）ドイツのデュッセルドルフ乳児院の院長であったファウントラーはこの原因を母子分離による精神的空虚状態によるものと考えた。

26）ニュータイプ・ホスピタリズムともいわれ，施設で育つ子どもの精神的活発さ，社会的スキルに課題が発生しやすいことがわかってきた。（金子保『ホスピタリズムの研究』川島書店，1994，p. 22）

愛着理論

愛着理論とは，ある特定の人と親密な関係を求め，その人間がそばにいると心理的安定が得られるという考え方である。ジョン・ボウルビィ（1907-1990，イギリスの医師）の『母子関係の理論』では0〜3歳までの母子愛着関係が重要視されている。ジョン・ボウルビィが母子関係の重要性を科学的に示したことは，その後の子ども家庭福祉の取り組みに影響を与えている。

---

(2) キーワードで知る海外における子ども観の変遷

27) 『エミール』を書いたジャン＝ジャック・ルソー(1712〜1778) は子どもの発見者といわれている。ルソーは子どもは小さな大人ではないこと，子どもには子ども固有の発達段階があることを示している。

18世紀は**子どもの発見，子どもの誕生の時代**といわれている[27)]。欧米社会では，それまで子どもは体が小さな大人と考えられ，子ども時代の特性を認められてこなかった。18世紀になって，子ども時代は大人とはちがう意味をもつという考え方が紹介されている。

子どもの発見

子どもは，「まだ大人になっていない体が小さい人間」というわけではない。子どもが大人とはちがう特性やニーズをもった時期として理解されるようになり，子ども時代の重要性が認識された。

28) エレン・ケイはスウェーデンの社会思想家で，母性と児童の尊重を視点に社会問題を扱った著作に『母性の復興』『児童の世紀』などがある。

20世紀を「児童の世紀」にしようと世界に呼びかけた**エレン・ケイ**[28)]は，母性と児童の尊重をもとに社会活動をした。

児童の世紀

スウェーデンの教育者で，婦人運動家であったエレン・ケイは『児童の世紀』で家庭の重視，子どもの個性の尊重を訴えた。

ケイの呼びかけにもかかわらず，20世紀前半には二度の世界大戦や経済不況のなかで大勢の子どもたちが犠牲になった。

現在の子ども観は，パターナリスティック[29)]で受動的な子ども観から，児童の権利に関する条約に代表される**能動的な子ども観**に変化している。

29) 恩恵的・父権主義的(パターナリスティック)な子ども観とは「何もできない子どもを護ってあげる」という子ども観である。

(3) キーワードで知るわが国の子ども観の変遷

7歳までは神のうち

7歳までに亡くなる子どもが多かったことから，かわいい子どもが亡くなっても「神様のもとに帰った」と親心を慰めた言葉である，という説がある。また，子どもは神の世界と人間世界の間にいる神聖な存在として，大人になると見えなくなる霊界が見えたりするので神事をした，という理解もある。

江戸時代の「生類憐みの令」には「子どもを捨てるべからず」という条文がある。「生類憐みの令」のなかに書かれているこの文からは，捨て子が多かったという時代の様子がうかがわれる。この条文では，牛や馬と子どもを並列に扱っていることに着目したい。

生類憐みの令

この「生類憐みの令」は，江戸の元禄期，5代将軍徳川綱吉が発布した動物愛護を主旨とする多数の法令の総称。綱吉の死後に廃止された。人より犬を大事にした悪法という話もあるが，そのなかには「捨て子，捨て牛馬の禁止」という項目がある。

わが国では，「家」単位の考え方がとられてきており，家業（その家庭が親から子へと継いでいる仕事）を営むことが家族の大きな仕事であった。家庭は，家業を受け継いでいくために子ども（跡継ぎ）を育てる場でもあった。

跡継ぎ

家制度のなかでは，子どもは，家業（その家庭が親から子へと継いでいる仕事）を受け継いでいくための跡継ぎとしての存在価値があった。

第2次世界大戦中や戦前は，子どもは国を支える兵隊として期待された。日中戦争，日独伊三国同盟から太平洋戦争に踏み切ることになった国情を背景に，政府は結婚費用の貸し付け，子宝手当を支給する案や子宝減税を実施し，子ども数を増やそうとした。戦争が激化するなかで国の資源として強い兵隊や国の力を支える働き手が必要なので，政府の方針として，子どもをたくさん産む人を優遇したのである。

産めよ増やせよ

これは，子どもをたくさん産んで，国民を増やすために，第2次世界大戦中の1941（昭和16）年にわが国で閣議決定された人口政策のスローガンである。

児童養護施設などがある現代でも，親により殺されてしまう子どもがいる。望まない妊娠や経済的に困窮している親が，子どもを死なせたり虐待したりする前に親子を救い，社会的養護につなげるために，「こうのとりのゆりかご（赤ちゃんポスト）」が，2007（平成19）年に熊本県熊本市慈恵病院で運用開始された。

赤ちゃんポスト

事情があって自分で育てられない人が新生児を匿名で預ける仕組み。わが国の慈恵病院「こうのとりのゆりかご」は，ドイツのベビークラッペを参考にしている。その設備は屋外と屋内に扉が設けられ，子どもをその間の空間に入れ，インターホンを鳴らすと看護師が対応するようになっている。

2007（平成19）年の運用開始から2022（令和4）年までの間に預けられた子どもは170人である。子どもの親が誰かわからないまま子どもを預かるのは，児童の権利に関する条約にある，子どもの権利を奪っているのではないかという声がある。

考えてみよう

「こうのとりのゆりかご（赤ちゃんポスト）」について，あなたはどう考えますか？

2. 児童の権利に関する条約とわが国の現状

わが国は，児童の権利に関する条約を批准した。それにより，わが国における子どもの権利の現状が国際的な視点から見守られることになった。「条約」を批准した各国での子どもの権利にかかわる施策状況を監視する機関として**国連子どもの権利委員会**がある。「条約」を締約した国の政府は報告書を出し，国連子どもの権利委員会からの質問に答えたあと，勧告・提案を含む「総括所見」が提出される。この審査に法的な拘束力はないが，政府は広く国民に知らせその改善に取り組むように求められている[30)]。

30） 締約国で「条約」が守られているかどうか，「条約」第43条に規定されている「委員会」が調査する。第44条には締約国は，その国が「条約」をどのように守っているか，「委員会」に報告しなければならないとある。

(1)審査結果

わが国の「条約」遵守に関する審査結果の一端を確認してみよう。

第1回の委員会見解（1998）（一部抜粋）

《改善すべき点》
- 「権利主体としての子ども」という，条約の考え方が，日本社会に十分に浸透していない。
- 子どもの権利が護られているかどうかチェックする独立機関がない。
- 日本の教育システムが競争的すぎ，子どもたちの身体や精神の健康に悪影響を与え，体罰，いじめ，登校拒否の発生につながっている。

2回目報告までにわが国が改善に取り組み，委員会に評価された点は，「児童買春，児童ポルノに係る行為等の処罰及び児童の保護等に関する法律（1999年）」や「児童虐待の防止等に関する法律（2000年）」という児童の権利に着目した法律を制定したこと，「児童の商業的性的搾取に対する国内行動計画」を2001年に策定したこと，2003年に青少年育成施策大綱を策定したことなどである。

第2回の委員会見解（2004）（一部抜粋）

第1回報告書で行われた差別の禁止，学校制度の過度に競争的な性質，いじめを含む学校での暴力に関する勧告について十分に取り組まれていないことが勧告された。

《改善すべき点》
- 女子，障害のある子ども，民族マイノリティ，移住労働者の子どもならびに難民などの子どもに関して社会的差別がある。
- 家庭，学校，その他の施設および社会一般における子どもの意見の尊重が制限されている。
- 子どもに影響を及ぼすあらゆる事柄に関して子どもの意見が尊重されていない。
- 学校内外で生徒が行う政治活動に対する制限があったり，18歳未満の子どもが団体に加入するために親の同意を必要としたりする。
- 子どもの持ち物検査をするなど，子どものプライバシーが尊重されていない。
- 施設の職員が子どもの個人的通信に介入する場合がある。
- 学校，施設および家庭において体罰が広く実践されている。
- 児童虐待の防止のための戦略がなく，訴追された事件数が少ない。
- 児童虐待被害者の回復やカウンセリングのためのサービスが不十分である。
- 障害のある子どもの教育ならびにレクリエーション，文化的活動参加への差別がある。

上記の指摘について，深刻な児童虐待への取り組みのように，子どもの当然の権利であると，ほとんどの人が認めて賛成するものもあれば，わが国の多くの大人がもっている子ども観から，そこまで子どもに権利があるのか疑問をもつ人もいる。「国連子どもの権利委員会」は，そのようなわが国の子ども観を，子どもを無力で一方的に護られるべき存在で，大人の言うことを聞くべき存在と考える日本の伝統的な子ども観ととらえている。そして，それを変えるためのキャンペーンや研修・教育活動を展開するように求めている。研修・教育が必要な対象には，一般の大人だけではなく，教育，医療，福祉，司法にかかわる専門職もあげられている。

わが国は2010（平成22）年に3回目の審査を受けた。それに先立ち，政府は2008（平成20）年4月に報告書をまとめた。その内容には，少子化社会対策基本法制定，少子化社会対策大綱，子ども・子育て応援プラン，「子どもと家族を応援する日本」重点戦略の策定などを行っていること，地域においては，子どもの意見表明の権利や社会参加，権利救済等を盛り込んだ条例が制定されたり，オンブズマンの設置を行ったりしていること，学校で，障害のある子どもに対し，関係機関が連携して支援体制を組んでいることなどをあげている。

第3回の委員会見解（2010）（一部抜粋）

委員会は，2004（平成16）年および2008（平成20）年の児童福祉法と児童虐待防止法改正については評価し，2010（平成22）年の子ども・若者育成支援推進法の施行，子ども・子育てビジョンと子ども・若者ビジョンの策定についても期待しているが以下の点について問題視している。

《改善すべき点》
- 児童の権利擁護のためのオンブズパーソンなどの仕組みが不十分なこと。
- しつけという名のもとで行われる体罰について民法や児童虐待防止法が許容していること。
- 日本において家庭の状況が悪化した結果，子どもが施設入所にまで至っていること。

そして，家族や教師，子どものために働いている大人が非暴力的形態でしつけをするように，キャンペーンなどの広報プログラムを実施するべきであることなどを述べている。

2017（平成29）年6月に第4回・第5回の日本政府報告が国連に提出され，2019年に委員会による総括所見が公表された。

第4回・第5回の委員会見解（2019）（一部抜粋）

委員会は，日本が緊急措置をとるべき分野として以下の6つを挙げている。

・差別の禁止
・子どもの意見の尊重
・体罰
・家庭環境を奪われた子ども（施設養護の問題など）
・リプロダクティブヘルス（思春期の性に関する対応）および精神保健（思春期の精神疾患への対応）
・少年司法に関する課題

また，以下について一定の評価を示している。

・2018年の民法改正（女性および男性の双方について最低婚姻年齢を18歳と定めた）
・2017年の刑法改正（18歳未満の人に対して，親などの監督・保護する立場の人がわいせつな行為をした場合，暴行や脅迫がなくても処罰対象となった）
・2016年の児童福祉法改正（児童虐待に関する対策について強化を図るための措置を講じた）
・2014年の児童買春，児童ポルノに係る行為等の規制及び処罰並びに児童の保護等に関する法律の改正（児童ポルノの所持の犯罪化）
・子供・若者育成支援推進大綱（2016年）
・第4次「青少年が安全に安心してインターネットを利用できるようにするための施策に関する基本的な計画」（2018年）
・子供の貧困対策に関する大綱（2014年）

(2) キーワードで考える子どもの人権擁護

コルチャック先生

医師・教育者で子どもの権利を訴えつづけたポーランド人である。1942（昭和17）年8月，ナチス[31]弾圧下のポーランドで，コルチャック先生は子どもとともに絶滅収容所に送られた。コルチャック先生は有名であったので，特赦されることもできたが，「子どもたちも特赦されるのでないなら，私は子どもらと運命をともにします」と言って死んでいった。生涯を通して子どもの福祉と権利を訴え，実践した彼の理想は，死後47年後に国連の児童の権利に関する条約のなかに実現された。

31）ナチスとはドイツの政党で，国家社会主義ドイツ労働者党のこと。1920（大正9）年ドイツ労働者党を改称して成立し，ヒトラーを党首として，反民主・反共産・反ユダヤ主義を唱え第2次大戦中に多くの人たちを虐殺した。1945（昭和20）年に敗戦して崩壊した。

青い芝の会

青い芝の会は1957（昭和32）年に始まった脳性まひの人たちによる障害者解放運動である。青い芝の会は，親が障害をもつ子どもを護ろうとすることが逆に，子どもの自立を妨げているとして，親や家族からの自立運動をした。青い芝の会は，社会が健常者中心につくられ，障害者が少しでも健常者に近づくように，医療や福祉が行われることも批判している[32]。

32）この運動は，横浜で起きた障害児の母による子殺しに対して，周囲が障害児をもった母に同情し減刑を求めたことに，「母よ！　殺すな」という言葉で反対した。これは健常児といわれる子どもの生きる権利と障害をもつ子どもの生きる権利が同じ重さに扱われないことへの批判である。

心中

子どもを道連れにした親子心中や家族心中がある。これは，子どもは親がいなくては生きていけないので親と一緒に死んだほうが幸せだという考え方による。大人に頼ってしか生きられない受け身の存在としての子ども観がその根底にあるといえる。子ども自身の生きる権利や子どもの生きる力を信じる方向へと子ども観が変化した現在では，親子心中は「子殺し＋親の自殺」という理解へと変化した。

施設で暮らす子どもの権利[33)]

児童福祉法第47条において，児童福祉施設の長や里親は，入所中または受託中の子どもに対して監護，教育に関しその子どもの福祉のために必要な措置をとることができるとされている[34)]。

いかなる場合でも体罰は許されないが，体罰以外でも子どもの権利が施設内で侵害されることがある。たとえば，思春期にある障害児への異性による着脱や入浴の介助，児童養護施設における異性による入浴の見守りや支援，多数の子どもが狭い部屋で暮らしていること，私物の検査をされること，なども それにあたる。

33)「児童の権利に関する条約」の第25条には，「締約国は，児童の身体又は精神の養護，保護又は治療を目的として権限のある当局によって収容された児童に対する処遇及びその収容に関連する他のすべての状況に関する定期的な審査が行われることについての児童の権利を認める」とあり，外部の目が施設に入ることが子どもの権利を護るために認められている。

34) 第47条　児童福祉施設の長は，入所中の児童等で親権を行う者又は未成年後見人のないものに対し，親権を行う者又は未成年後見人があるに至るまでの間，親権を行う。ただし，民法第797条の規定による縁組の承諾をするには，内閣府令の定めるところにより，都道府県知事の許可を得なければならない。
②（略）
③　児童福祉施設の長，その住居において養育を行う第6条の3第8項に規定する内閣府令で定める者又は里親（中略）は，入所中又は受託中の児童等で親権を行う者又は未成年後見人のあるものについても，監護及び教育に関し，その児童等の福祉のため必要な措置をとることができる。この場合において，施設長等は，児童の人格を尊重するとともに，その年齢及び発達の程度に配慮しなければならず，かつ，体罰その他の児童の心身の健全な発達に有害な影響を及ぼす言動をしてはならない。

第 3 章

子ども家庭福祉の制度と実施体系

基礎編

1. 子ども家庭福祉の制度と法体系
2. 子ども家庭福祉行財政と実施機関
3. 児童福祉施設等
4. 子ども家庭福祉の専門職・実施者

発展編

1. 児童虐待防止への取り組み
2. 児童福祉の保護者負担

基礎編

1．子ども家庭福祉の制度と法体系

Ｓさんは保育所の新人保育士である。担任している園児Ｍくんの祖父は子どもに厳しい。先日ＳさんがＭくんの気持ちを聞いていたら,「国民の義務も果たさない子どもにわがままを言わせるな」とＳさんはＭくんの祖父に叱られてしまった。国民の三大義務は憲法に書いてあるという。短大では，子ども家庭福祉の原理が児童福祉法に書いてあると習ったが,“憲法と児童福祉法はどんな関係があるのかな”と勉強不足を感じるＳさんだった。

(1)保育所を支える法体系

①日本国憲法と保育所

日本国憲法には国家運営の基本事項が書かれており，日本国憲法が国のすべての法律の根幹となっている。日本国憲法のもとに児童福祉法をはじめとした子ども家庭福祉に関係する法律[1]がある。ほかに社会福祉関係の法律や教育関係の法律があり，加えて少子化対策関連法や行政，財務，法務，労働，社会保険などの関係の法律がある。実際の子ども家庭福祉施策の運営は児童福祉法を軸に，関係する各法律にそって実施される。細部にわたっては政令，省令，告示，通知などにより推進される。

日本国憲法には国の運営に関する国の基本的な考え方や国民の権利，義務が示されている。国民の主な権利と義務を確認してみよう。

第11条【基本的人権の享有と性質】
第13条【個人の尊重,生命・自由・幸福追求の権利の尊重,公共の福祉】
第14条【法の下の平等など】
第18条【奴隷的拘束及び苦役からの自由】
第19条【思想及び良心の自由】
第20条【信教の自由，国の宗教活動の禁止】
第21条【集会・結社・表現の自由，検閲の禁止，通信の秘密】
第23条【学問の自由】
第24条【家族生活における個人の尊厳と両性の平等】
第25条【生存権，国の社会保障義務】
第26条【教育を受ける権利，教育の義務，義務教育の無償】
第27条【勤労の権利・義務，勤労条件の基準，児童酷使の禁止】
第30条【納税の義務】

1) 児童福祉法，児童扶養手当法，母子及び父子並びに寡婦福祉法，特別児童扶養手当等の支給に関する法律，母子保健法などがある。

図表3−1　子ども家庭福祉にかかわる主な法体系[2)]

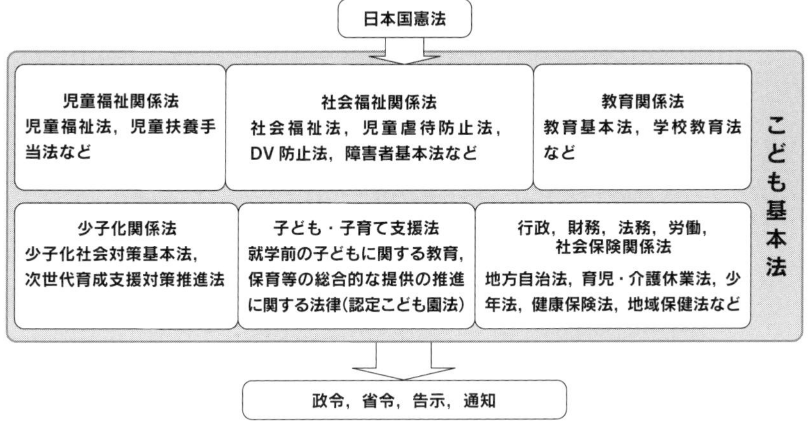

2）　著者作成

子どもを育てている家族（親など）は日本国憲法に護られながら子育てをしている。

憲法第25条にある生存権及び国の社会保障義務では「すべて国民は，健康で文化的な最低限度の生活を営む権利を有する。②国は，すべての生活部面について，社会福祉，社会保障及び公衆衛生の向上及び増進に努めなければならない」とされている。国は，この憲法第25条に従って，国民の福祉を推進している。

保育所や各施設の設置も国民の福祉向上の一環であり，国が憲法第25条の役割を果たすために児童福祉法に保育所や施設，児童福祉事業，保育士に関することなどを規定している。保育所や施設は児童福祉法第45条[3)]で求められている施設の設備や人員配置の基準にそって運営される。平成24年度からは，「児童福祉施設の設備及び運営に関する基準」[4)]の中の「従うべき基準」や「参酌すべき基準」にそいつつ，地域の実情に合わせて地方自治体が定めた「児童福祉施設の設備及び運営に関する基準」に従うことになっている。保育所の実際の保育は保育所保育指針にそって実施される。その保育所保育指針は2008（平成20）年に大臣告示となり，法的な意味づけをもつようになった。

3）　第45条　都道府県は，児童福祉施設の設備及び運営について，条例で基準を定めなければならない。この場合において，その基準は，児童の身体的，精神的及び社会的な発達のために必要な生活水準を確保するものでなければならない。

4）「児童福祉施設の設備及び運営に関する基準」には「従うべき基準（地方自治体の条例の内容を直接的に拘束する，必ず適合しなければならない基準）」と「標準（法令に示される「標準」を基準としつつ，合理的な理由がある範囲内で，地域の実情に応じて「標準」と異なる内容を定めることが許されるもの）」と「参酌すべき基準（地方自治体が十分参酌した結果であれば，地域の実情に応じて，異なる内容を定めることが許容されるもの）」が定められている。地方自治体はこれを参照しながら条例として「児童福祉施設の設備及び運営に関する基準」を定めることになる。

図表3−2　保育所をめぐる主な法体系[5)]

保育所（児童福祉施設）

大臣告示 保育所保育指針	児童福祉法第45条による 児童福祉施設の設備及び運営に関する基準

児童福祉法
保育所（第39条／第48条の4），
保育士（第18条の4）に関することなどの規定

日本国憲法第25条
「国は，すべての生活部面について，社会福祉，社会保障及び公衆衛生の向上及び増進に努めなければならない」

5）　著者作成

②保育所の設備と運営の基準

児童福祉法第45条により「児童福祉施設の設備及び運営に関する基準」が定められた。

これにより，国の定めている児童福祉施設の基準が以下の3類型の基準になり，それを枠組みとして，保育所などの児童福祉施設の設備と運営が地方自治体に任されるようになった。

従うべき基準

条例の内容を直接的に拘束する，必ず適合しなければならない基準であり，当該基準に従う範囲内で地域の実情に応じた内容を定める条例は許容されるものの，異なる内容を定めることは許されないもの

標準

法令の「標準」を通常よるべき基準としつつ，合理的な理由がある範囲内で，地域の実情に応じた「標準」と異なる内容を定めることが許容されるもの

参酌すべき基準

地方自治体が十分参酌した結果としてであれば，地域の実情に応じて，異なる内容を定めることが許容されるもの

保育所の場合，以下のようになった。

保育所の設備と運営の基準

「従うべき基準」
- 乳児室又はほふく室，保育室又は遊戯室及び調理室の設置
- 居室（乳児室・ほふく室・保育室・遊戯室）の面積基準
- 自園調理による食事の提供（外部搬入の際の必要な調理設備）
- 必要な職員（保育士，嘱託医及び調理員）の配置基準
- 保育内容（保育指針）

「参酌すべき基準」
- 必要な用具の備え付け・屋外遊戯場の設置及び面積基準
- 医務室及び便所の設置・保育室等を2階以上に設ける場合の，耐火上・階段の基準
- 保育時間・保護者との連絡
- 認定こども園の私立認定保育所の入所の選考
- 保育料以外の利用料

都道府県は上記にそって独自の児童福祉施設の設備及び運営に関する基準を定めることになった。

(2) 児童福祉法の枠組み

第2次世界大戦が終わり，戦争で親や家族を亡くした子どもが多く，子どもの育つ環境が大変に悪いなか，1947（昭和22）年に児童福祉法が成立した。

児童福祉法には以下のような内容が規定されている。主な点を確認しよう。

- 児童福祉の理念
- 事業や言葉の定義
- 児童福祉の機関や実施者（児童相談所，児童福祉審議会，児童委員，保育士など）に関すること
- 児童福祉施設・里親に関すること
- 福祉の実施方法（運営，利用方法，子育て支援，給付金など）に関すること
- 福祉の費用に関すること

①子ども家庭福祉の基本

児童福祉法第1条では，**児童福祉の理念**を示し，児童福祉の対象がすべての子どもであることを明らかにし，その育成にすべての国民が役割を果たすべきことを確認している。

2016（平成28）年の児童福祉法改正で，児童の権利に関する条約がその基本理念に位置づけられた。日本においても，子どもが権利の主体として公的に認められたといえる。

第4条では，児童と障害児を規定している。

児童福祉法　第4条 (抜粋，要約)

1　乳児　満1歳に満たない者
2　幼児　満1歳から，小学校就学の始期に達するまでの者
3　少年　小学校就学の始期から，満18歳に達するまでの者
②　この法律で，障害児とは，身体に障害のある児童，知的障害のある児童，精神に障害のある児童又は治療方法が確立していない疾病のある児童をいう。

---

②子ども家庭福祉の事業と施設

第6条の3では，**児童福祉に関する事業**を規定している。

児童福祉法　第6条の3（条文を要約）

・児童自立生活援助事業
日常生活上の援助及び生活指導並びに就業の支援を行い，相談その他の援助を行う事業。

・放課後児童健全育成事業
小学校に就学している児童であって，その保護者が労働等により昼間家庭にいないものに，適切な遊び及び生活の場を与えて，その健全な育成を図る事業。

・子育て短期支援事業
家庭において養育を受けることが一時的に困難となった児童について，児童養護施設その他の内閣府令で定める施設に入所させ，当該児童及びその保護者につき必要な保護その他の支援を行う事業。

・乳児家庭全戸訪問事業
市町村（特別区を含む）の区域内で原則としてすべての乳児のいる家庭を訪問することにより，子育てに関する情報の提供並びに乳児及びその保護者の心身の状況及び養育環境の把握を行うほか，養育についての相談に応じ，助言その他の援助を行う事業。

・養育支援訪問事業
乳児家庭全戸訪問事業の実施その他により把握した保護者の養育を支援することが特に必要と認められる児童（要支援児童）やその保護者又は出産後の支援が特に必要な妊婦（特定妊婦）に対し，居宅において，養育に関する相談，指導，助言その他必要な支援を行う事業。

・地域子育て支援拠点事業
乳児又は幼児及びその保護者が相互の交流を行う場所を開設し，子育てについての相談，情報の提供，助言その他の援助を行う事業。

・一時預かり事業
次に掲げる者について，主として昼間において，保育所その他の場所において，一時的に預かり，必要な保護を行う事業。
1　家庭において保育を受けることが一時的に困難となった乳児又は幼児
2　子育てに係る保護者の負担を軽減するため，保育所等で一時的に預かることが望ましいと認められる乳児又は幼児

・小規模住居型児童養育事業
保護者のない児童又は保護者に監護させることが不適当な児童（要保護児童）の養育に関し相当の経験を有する者（里親を除く）の住居において養育を行う事業。

・家庭的保育事業
乳児又は幼児について，家庭的保育者（市町村長が行う研修を修了した保育士その他の内閣府令で定める者）の居宅その他の場所において保育を行う事業。

・小規模保育事業
満3歳未満の乳児・幼児を保育する施設で利用定員が6人以上19人以下の事業。地域の状況により，満3歳以上の幼児の保育を行うこともある。

・居宅訪問型保育事業
満3歳未満の乳児・幼児の居宅で家庭的保育者が保育を行う事業。地域の状況により，満3歳以上の幼児の保育を行うこともある。

・事業所内保育事業
事業主や事業主の団体，共済組合等がそこで働く満3歳未満の乳児・幼児の保育を行うために自分で設置した施設や事業主などから委託されている施設で行う保育事業。地域の状況により，満3歳以上の幼児の保育を行うこともある。

・病児保育事業
保育所，認定こども園，病院，診療所その他内閣府令で定める施設において，病気にかかっているが，保育施設を利用する必要がある乳幼児の保育を行う事業。

・**子育て援助活動支援事業**
子どもの一時預かりや保護（宿泊を含む），子どもの円滑な外出・移動を希望する人とその援助をしたい人との連絡・調整，講習などを行う事業。

・親子再統合支援事業
親子の再統合が必要と認められる児童及び保護者に対して，児童虐待の防止に資する情報の提供，相談，助言その他必要な支援を行う事業。

・社会的養護自立支援拠点事業
措置解除者や類する者が相互の交流を行う場所を開設し，これらの者に対する情報の提供，相談及び助言並びにこれらの者の支援に関連する関係機関との連絡調整その他の必要な支援を行う事業。

・意見表明等支援事業
児童福祉施設等への入所その他の措置が採られている児童の処遇に関する意見や意向について，児童福祉の知識・経験を有する者が意見聴取等を行い，児童相談所その他の関係機関と連絡調整や必要な支援を行う事業。

・妊産婦等生活援助事業
家庭生活に支障が生じている特定妊婦及びその児童を生活すべき住居に入居させ，又は事業所等に通わせ，食事の提供や日常生活に必要な便宜の供与，養育に係る相談，助言，母子生活支援施設等との連絡調整，特別養子縁組に係る情報の提供その他の必要な支援を行う事業。

・子育て世帯訪問支援事業
要支援児童の保護者その他の内閣府令で定める者に対し，その居宅において，子育てに関する情報の提供，家事及び養育に係る援助その他の必要な支援を行う事業。

・児童育成支援拠点事業
養育環境等に関する課題を抱える児童について，当該児童に生活の場を与えるための場所を開設し，情報の提供，相談及び関係機関との連絡調整を行うとともに，必要に応じて当該児童の保護者に対し，情報の提供，相談及び助言その他の必要な支援を行う事業。

・親子関係形成支援事業
親子間における適切な関係性の構築を目的として，児童及びその保護者に対し，当該児童の心身の発達の状況等に応じた情報の提供，相談及び助言その他の必要な支援を行う事業。

第6条の4では，**里親**を以下のように規定している[6]。

6）詳細は p.106。

児童福祉法　第6条の4（抜粋，要約）

1　内閣府令で定める人数以下の要保護児童を養育することを希望する者（研修を修了し要件を満たす者に限る）のうち，養育里親名簿に登録されたもの。
2　前号に規定する内閣府令で定める人数以下の要保護児童を養育すること及び養子縁組によって養親となることを希望する者（研修を修了した者に限る）のうち，養子縁組里親名簿に登録されたもの
3　第1号に規定する内閣府令で定める人数以下の要保護児童を養育することを希望する者（当該要保護児童の父母以外の親族で，内閣府令で定めるものに限る）のうち，都道府県知事が児童を委託する者として適当と認めるもの

第7条には**児童福祉施設の種類**があげられている[7]。

7）詳細は p.87。

児童福祉法　第7条

この法律で，児童福祉施設とは，助産施設，乳児院，母子生活支援施設，保育所，幼保連携型認定こども園，児童厚生施設，児童養護施設，障害児入所施設，児童発達支援センター，児童心理治療施設，児童自立支援施設，児童家庭支援センター及び里親支援センターとする。

③子ども家庭福祉を促進する機関

第8条には，**児童福祉審議会**の規定がある[8)]。

8)　詳細は p.81。

児童福祉法　第8条（抜粋，要約）

都道府県に児童福祉に関する審議会その他の合議制の機関を置くものとする。ただし，社会福祉法の規定により同法第7条第1項に規定する地方社会福祉審議会に児童福祉に関する事項を調査審議させる都道府県にあつては，この限りでない。

都道府県では，社会福祉審議会において児童福祉審議会の役割を担うこともできる。第12条には**児童相談所**[9)]について，第13条には**児童福祉司**について規定してある。

9)　詳細は p.81。

児童福祉法　第12条（抜粋）

都道府県は，児童相談所を設置しなければならない。

児童福祉法　第13条（抜粋）

③　児童福祉司は，都道府県知事の補助機関である職員とし，次の各号のいずれかに該当する者のうちから，任用しなければならない。

1　児童虐待を受けた児童の保護その他児童の福祉に関する専門的な対応を要する事項について，児童及びその保護者に対する相談及び必要な指導等を通じて的確な支援を実施できる十分な知識及び技術を有する者として内閣府令で定めるもの

児童虐待を受けた子どもの保護などについて専門的に対応するために，上記の内容が児童福祉司の任用要件に追加された。

この子ども家庭福祉の認定資格は，**こども家庭ソーシャルワーカー**として展開される。

＊ Column ＊

こども家庭ソーシャルワーカー

こども家庭ソーシャルワーカーとは，子ども家庭福祉分野に専門性をもつ新たな資格で，2024（令和6）年4月に制度が開始。

児童福祉法では児童福祉司の任用資格として位置づけられており，一定の実務経験のある有資格者（社会福祉士・精神保健福祉士など）や現任者が，国の基準を満たす認定機関が認定した研修等を経て取得する資格となっている。

保育所等で，主任保育士などとして相談援助業務を含む実務経験を4年以上した人も研修を受講し，試験を受けてこの資格を得ることができる。

児童相談所は都道府県と政令指定都市に設置されるが，中核市でも設置できる。

第16条から第18条の3には**児童委員**について規定してある[10]。

10）詳細は p.108。

児童福祉法　第16条（抜粋）

第16条　市町村の区域に児童委員を置く。

② 民生委員法（昭和23年法律第198号）による民生委員は，児童委員に充てられたものとする。

民生委員は民生委員法に規定されており，**児童委員**は児童福祉法によって規定されているが，児童委員は民生委員が兼ねている。つまり，民生委員イコール児童委員である。

(3) こども基本法

こども施策を総合的に推進することを目的として，**こども基本法**が2022（令和4）年6月22日に公布され，2023（令和5）年4月1日から施行された。同時期に，こども基本法に掲げられたこども施策の立案・実施を担う行政機関として**こども家庭庁**が発足した。

こども基本法は以下の6つのことを基本理念としており，「児童の権利に関する条約」がこの理念のおおもとにある。

・すべての子どもについて，個人として尊重されること・基本的人権が保障されること・差別的取り扱いを受けることがないようにすること

・すべての子どもについて，適切に養育されること・生活を保障されること・愛され保護されることなどの福祉に係る権利が等しく保障されるとともに，教育基本法の精神にのっとり教育を受ける機会が等しく与えられること

・すべての子どもについて，年齢及び発達の程度に応じ，自己に直接関係するすべての事項に関して意見を表明する機会・多様な社会的活動に参画する機会が確保されること
・すべての子どもについて，年齢及び発達の程度に応じ，意見の尊重，最善の利益が優先して考慮されること
・子どもの養育は家庭を基本として，父母その他の保護者が第一義的責任を有するとの認識のもと，十分な支援が行われ，家庭での養育が困難な子どもの養育環境が確保されること
・家庭や子育てに夢をもち，子育てに伴う喜びを実感できる社会環境が整備されること

また同法では，こども施策の仕組みについて以下のように示されている。
・こども施策に関して，子どもや子育て当事者の意見を反映させる。
・国は，こども施策に関する大綱を定める。
・都道府県及び市町村は，こども計画を定める。
・こども家庭庁に，こども政策推進会議を置く。

(4) 児童虐待の防止等に関する法律

2000（平成12）年に成立した「**児童虐待の防止等に関する法律**」（以下，児童虐待防止法）を確認してみよう。

児童虐待防止法の目的

児童虐待防止法では，児童虐待が子どもの心と体の成長に大きな悪影響があることをはっきりと述べ，この法律をもとに国が虐待の防止策を進めていくことを約束している（第1条）。

児童虐待の防止等に関する法律　第1条

この法律は，児童虐待が児童の人権を著しく侵害し，その心身の成長及び人格の形成に重大な影響を与えるとともに，我が国における将来の世代の育成にも懸念を及ぼすことにかんがみ，児童に対する虐待の禁止，児童虐待の予防及び早期発見その他の児童虐待の防止に関する国及び地方公共団体の責務，児童虐待を受けた児童の保護及び自立の支援のための措置等を定めることにより，児童虐待の防止等に関する施策を促進し，もって児童の権利利益の擁護に資することを目的とする。

①児童虐待の定義

児童虐待防止法では，児童虐待を4つに分けて規定している（第2条の要約）。

身体的虐待

身体的虐待とは，子どもの身体を傷つけたり，傷ができるような暴力を振るったりすることである。子どもをたたいたり，けったり，縛ったりすることすべてが身体的虐待に含まれる。たとえ子どもがけがをしなかったとしても，たたいたり，けったりしてはいけない。

性的虐待

性的虐待とは，子どもにわいせつな行為をすること，または子どもにわいせつな行為をさせることである。子どもに対して性行為をしたり，性的目的で子どもに接したり，子どもをポルノ写真に撮ったりすることなどが含まれる。身体的虐待の影に性的虐待が隠れていることがある。

ネグレクト

ネグレクトとは，育児の放棄であり，子どもの心身が正常に発達できないほど食事を与えなかったり，乳幼児を長時間にわたり放置したりすることなどである。保護者ではない同居人による身体的虐待や性的虐待を知っているのにやめさせようとしないこともこれに含まれる。毎年夏になると炎天下の車中に乳幼児を置いて買い物などをして子どもを死なせてしまう事件があるが，このような行為もネグレクトにあたる。

心理的虐待

心理的虐待とは，子どもに対してひどい言葉を言ったり，子どもを激しく拒否するような態度をとったりすることなどである。

子どもがいる家庭で夫婦間暴力を行うことは，子どもの心を傷つけることなので，これも心理的虐待にあたる。その他の子どもに心的外傷（トラウマ）を与えるような言動すべてをさす。「お前を産むんじゃなかった」「あなたはいらない子どもだ」など，子どもの存在自体を否定する言葉が典型的にこれにあたるが，言葉を発した前後の状況などにより，子どもを傷つける言葉は多々ある。

子どもが親のあとを追っているのにわざと無視して早足で歩いたり，きょうだいのなかでひとりだけに対して話しかけに答えなかったりなども心理的虐待にあたる。態度による心理的虐待も前後の状況などにより子どもに与える影響が異なる。

児童虐待は法律のようにはっきりと4つに分けられるわけではない。身体的虐待があった場合，性的虐待が行われていることがあり，性的虐待が身体に外傷を残すこともある。また，身体的虐待，性的虐待，ネグレクトは子どもの心に生涯にわたる傷を残す心理的虐待でもあるといえる。

②予防及び早期発見

児童虐待防止法では児童虐待の予防及び早期発見をすべき仕事について述べている[11]。

当然，保育士は児童福祉法に規定されている資格なので，意識して児童虐待を予防したり発見したりすることが仕事の内容に含まれる。つまり，保育士には児童虐待のサインを見逃さず，育児に行き詰まっている保護者を支援に早くつなげていくという役割がある。

11） 仕事のうえで子ども家庭福祉に関係のある学校や児童福祉施設，病院などの職員や関係者は，子どもや家族の身近にいるので，その変化に早く気づくことができる。それを自覚して，児童虐待を早期発見するように努力することが求められている。

③国や都道府県，市町村の責任

児童虐待防止法では国や都道府県，市町村は，以下のことをする責任があるとしている（第4条要約）。

・児童虐待が起こらないようにすること
・児童虐待がひどくならないうちに発見すること
・虐待を受けた子どもを保護し，その子らしく生きていけるように支援すること
・児童虐待をした保護者が適切に子育てでき，子どもと暮らせるようにするための支援をすること
・虐待を受けた子どもが家庭で安心して生活できるように考えて，保護者を指導したり支援したりするための仕組みを整備すること

④市民の義務

国民には，児童虐待かもしれないと思ったら，福祉事務所や児童相談所などに通告する義務がある[12]。

（児童虐待に係る通告）
第6条　児童虐待を受けたと思われる児童を発見した者は，速やかに，これを市町村，都道府県の設置する福祉事務所若しくは児童相談所又は児童委員を介して市町村，都道府県の設置する福祉事務所若しくは児童相談所に通告しなければならない。

12） これは，児童福祉法にある「全て国民は，児童が良好な環境において生まれ，かつ，社会のあらゆる分野において，児童の年齢及び発達の程度に応じて，その意見が尊重され，その最善の利益が優先して考慮され，心身ともに健やかに育成されるよう努めなければならない」という国民としての役割といえる。

室内灯ない部屋，1人で寝起き 死亡の5歳児，家で孤立

東京都目黒区のAちゃん（5）が虐待を受けて死亡したとされる事件で，Aちゃんは室内灯がない部屋で1人で寝起きしていたことが，捜査関係者への取材でわかった。父親から毎日午前4時に起きて平仮名の練習をするように言われていたといい，警視庁はAちゃんが薄暗い部屋で繰り返し文字を書いていたとみている。

事件では，父親のB容疑者（33）と母親のC容疑者（25）が保護責任者遺棄致死の疑いで6日に逮捕された。捜査関係者によると，AちゃんはB容疑者の実子ではなく，B容疑者とC容疑者の間に生まれた弟（1）と4人暮らしだった。今年1月下旬に香川県から目黒区に転居してきて以降，Aちゃんは他の家族3人とは別の部屋で寝起きしており，家族で食事などに出かける際も暖房が切られた自宅に1人残されていたという。

事件後，Aちゃんが平仮名で「もうおねがい　ゆるして　ゆるしてください」などと記したノートが自宅から見つかっている。

両親は1月下旬ごろからAちゃんに十分な食事を与えずに栄養失調状態に陥らせたのに，病院に連れて行かずに放置。3月2日に肺炎による敗血症で死亡させた疑いがある。一方で，B容疑者は弟は病院に連れて行ったことがあったという。

（朝日新聞デジタル　2018年6月9日より抜粋，一部改変）

上記の事件からは，児童虐待の通告は国民の義務であるという意識がわが国の隅々まで行きわたっていないことがわかる。「通告したことが当該の保護者に伝わり逆恨みされるのではないか」「もし勘違いだったら…」といった声もあるが，通告者は名前を言わなくてよいし，児童相談所は通告者に関する情報を漏えいしてはならない。

保育士は児童福祉の専門職として早期発見や通告をする。児童虐待の通告をすることは，子育ての迷路に落ち込みさまよっている親を，社会資源につなげて救うことになる。

⑤児童虐待に関係する法律改正

虐待に関する児童相談所運営指針の改正（平成19年）[13]

児童相談所が児童虐待の通告を受けたら，子どもの安全確認を48時間以内に行うというルール（48時間ルール）を設定している。24時間以内としている自治体もある。

児童虐待防止法と児童福祉法の改正（平成20年4月施行）

児童虐待防止対策の強化のために，児童虐待防止法と児童福祉法の改正が行われた。

13）1. 虐待情報は，すべて受理し，記録票に留め緊急受理会議を開催する。2. 48時間以内に安全確認を行う。3. 児童記録票は，世帯単位ではなく，子どもごとに作成する。4. すべての在宅の虐待事例に関する変化等を定期的にフォローする。5. 要保護児童対策地域協議会の運営を強化し情報共有の徹底をする。

・児童の安全確認等のために，強制的に鍵を開けられるようにすることなど立入調査等の強化とすばやい安全確認
・保護者に対する面会・通信等の制限の強化
・保護者に対する指導に従わない場合の措置の明確化 ほか

保護者による体罰の禁止にかかわる改正

2019（令和元）年の児童虐待防止法と児童福祉法の改正で，親権者などによる体罰の禁止が明確化された。また，2022（令和4）年には民法が改正され，親権者の懲戒権の規定が削除された。

(5) 次世代育成支援対策推進法

①次世代育成支援対策推進法の内容と仕組み

次世代育成支援対策推進法は2003（平成15）年に策定された。次世代育成支援対策推進法は，2005年から2025年までの期間取り組む具体的な動きを推進するための法律である。策定当初は10年間の時限立法だったが，2015年に，2025年までの時限立法としてさらに10年間延長された。

この法律には，子どもを次世代を担うものとして育成しようという視点に立った社会全体の取り組みが示されている。育成支援の基本理念を定め，具体的対策を通じて子どもが育つ社会をつくることを目指している。次世代育成支援対策推進法には，国と地方公共団体，事業主，国民の責務が明記されている[14]。

14）101人を超える労働者を常時雇用している事業主（一般事業主）は，一般事業主行動計画を策定し，公表及び従業員への周知をする義務がある。

次世代育成支援対策は以下の内容である。

・地域における子育ての支援
・母性並びに乳児及び幼児の健康の確保及び増進
・子どもの心身の健やかな成長に資する教育環境の整備
・子どもを育成する家庭に適した良質な住宅及び良好な居住環境の確保
・職業生活と家庭生活との両立の推進
・子ども等の安全確保
・要保護児童への対応などきめ細かな取り組みの推進

地方公共団体は，次世代育成支援対策推進法で求められている内容に即して**市町村行動計画**及び**都道府県行動計画**を立てることが求められている。

次世代育成支援対策推進法には，次世代育成支援対策を進める仕組みについても書かれている。

図表3-3　次世代育成支援対策における行動計画策定の仕組み[15)]

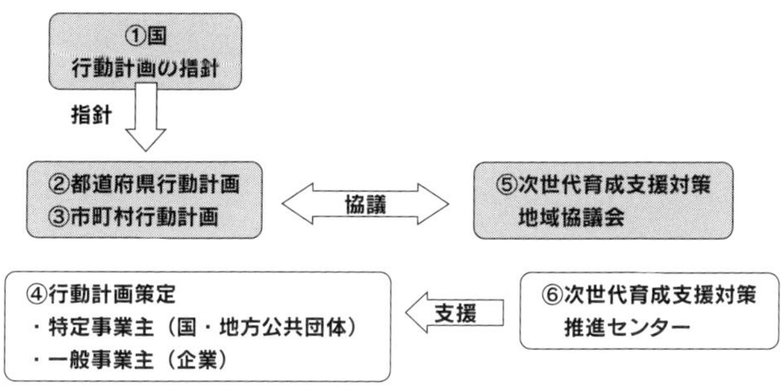

15)　著者作成

・国：行動計画の指針
・都道府県：都道府県行動計画を策定。市町村の行動計画に協力
・市町村：市町村行動計画を策定
・事業主：事業主行動計画を策定
・次世代育成支援対策地域協議会：次世代育成対策を推進するために必要な措置について協議
・次世代育成支援対策推進センター：事業主の行動計画を支援

策定した行動計画の目標を達成するなどの要件を満たした企業は，都道府県労働局長の認定を受け，「くるみん」という認定マークを広告や商品等につけることができる（p.166も参照）。

②行動計画にかかわる改正

次世代育成支援対策推進法は行動計画について2008（平成20）年に改正された。改正の内容は以下である。

行動計画の公表と従業員への周知

この改正により，2009（平成21）年4月からは301人以上の従業員がいる企業は，一般事業主行動計画を策定し都道府県労務局に届け出るだけでなく，行動計画を公表し従業員に周知する義務ができた[16)]。

周知義務	2009年3月まで	2009年4月から	2011年4月から
301人以上企業	規定なし	義務	義務
101人以上300人以下企業	規定なし	努力義務	義務
100人以下企業	規定なし	努力義務	努力義務

16)　従業員300人以下の雇用主にも2009年4月からは行動計画を公表し従業員に周知することが努力義務になった。さらに2011年4月からは従業員101人以上の雇用主には義務になっている。
　表は厚生労働省ウェブサイトより。https://www.mhlw.go.jp/seisaku/2009/02/01.html

行動計画届出義務

2009（平成21）年3月までは事業主行動計画を策定し届ける義務があるのは301人以上の企業の雇用主だけであったが，2011（平成23）年4月からは，101人から300人までの従業員の雇用主にも一般事業主行動計画を策定し届ける義務が生ずることになった。

行動計画を策定・届け出	2011年3月まで	2011年4月から
301人以上企業	義務	義務
101人以上300人以下企業	努力義務	
100人以下企業		努力義務

(6) その他の関係法

①児童扶養手当法（昭和36年）

児童扶養手当は18歳の年度末までの子ども，または20歳までの子どもで一定以上の障害をもっているものを養育している母子家庭の母や父子家庭の父，養育者に支給される。

②母子及び父子並びに寡婦福祉法（昭和39年）

1964（昭和39）年に母子福祉法として施行されたが，その後，母子家庭と寡婦を対象とした法律となり，2002（平成14）年に改正が行われ，父子家庭も支援サービスを受けられるようになった。

③特別児童扶養手当等の支給に関する法律（昭和39年）

特別児童扶養手当は重度または中度の知的障害，身体障害をもっている20歳未満の子どもを養育しているものに支給される。

④母子保健法（昭和40年）

母性，乳幼児の健康を守り，増進させるための法律である。

子どもにかかわる法律としては，他に教育基本法[17]や学校教育法[18]，こども基本法などがある。

子どもにかかわる法律を一覧にまとめてみよう（図表3-4）。

17）1947（昭和22）年施行の教育基本法が2006（平成18）年に大幅に改正されて施行された。教育基本法は日本国憲法の精神に則った人間育成と教育を推進するために制定された。

18）1947（昭和22）年施行の学校教育法は，義務教育，幼稚園，小学校，中学校，高等学校，特別支援教育，大学等に関して規定している。

図表３-４　子どもの福祉にかかわる主な法律[19)]

法律名	制定年
児童福祉法	昭和22年
児童扶養手当法	昭和36年
母子及び父子並びに寡婦福祉法	昭和39年
特別児童扶養手当等の支給に関する法律	昭和39年
母子保健法	昭和40年
児童手当法	昭和46年
児童買春，児童ポルノに係る行為等の規制及び処罰並びに児童の保護等に関する法律	平成11年
児童虐待の防止等に関する法律	平成12年
次世代育成支援対策推進法	平成15年
就学前の子どもに関する教育，保育等の総合的な提供の推進に関する法律（認定こども園法）	平成18年
子ども・子育て支援法	平成24年
こども基本法	令和4年

19）著者作成

⑤育児休業，介護休業等育児又は家族介護を行う労働者の福祉に関する法律（育児・介護休業法）

育児休業

1991（平成3）年にできたこの法律により，1歳未満の子ども（平成29年の法改正以降は最長2歳まで）をもつ親が職場に休暇を希望できるようになった。期間を定めて雇用されている正規雇用外の労働者についても，1年以上働いており，引き続き雇用される予定の場合はこの制度が利用できる。育児休業取得率は，2022（令和4）年で女性80.2%，男性17.13%であった（図表3-5）。

図表３-５　育児休業取得率[20)]

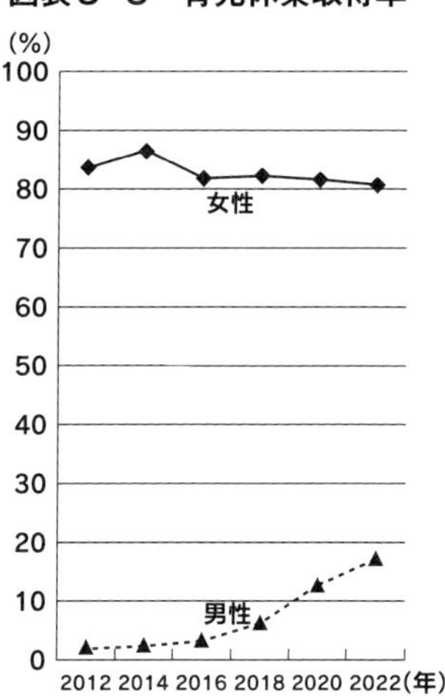

20）厚生労働省「令和4年度雇用均等基本調査」，2023

育児休業給付

雇用保険の被保険者が育児休業を取得したときに，給与に代わって育児休業給付金が支給される。

法改正

2021（令和3）年には以下のように改正されている。

・男性の育児休業取得推進のために，子どもの出生直後の時期における柔軟な枠組みの創設
・育児休業を取得しやすい雇用環境の整備
・妊娠・出産（本人または配偶者）を申し出た労働者に対する個別の周知・意向確認の措置の義務化
・育児休業の分割取得

・育児休業取得状況の公表の義務化
・有期雇用労働者の育児・介護休業取得要件の緩和

⑥児童買春・児童ポルノ禁止法

子どもが性的被害にあわないように，児童買春や児童ポルノを処罰し，被害を受けた子どもを保護し，児童の権利を護るために1999（平成11）年に「児童買春，児童ポルノに係る行為等の処罰及び児童の保護等に関する法律」（現・**児童買春，児童ポルノに係る行為等の規制及び処罰並びに児童の保護等に関する法律**）がつくられた。

この法律は児童買春・児童ポルノ禁止法とよばれているが，児童買春とは，代償を与えることを条件に子どもに対して性交などを求めることである。また，この法律における児童ポルノとは，写真，動画などで，子どもを性の対象としたものや子どもが衣服を全部または一部着けない姿を性的意味をもたせて写したもののことを指している。

〈小テスト〉

①児童虐待には（　　　　　　　　），（　　　　　　　　　　），（　　　　　　　　　　），（　　　　　　　　　）の4類型がある。

②2005年から2025年までの時限立法で，国・地公共団体企業等が少子化に取り組むための法律は（　　　　　　　　　　　）である。

③（　　　　　　　　　　　）法は母性，乳幼児の健康を守り，増進させるための法律である。

④1991（平成3）年にできた育児休業，介護休業等育児又は家族介護を行う労働者の福祉に関する法律は，（　　　　　　　　　　　）法と呼ばれている。

⑤1999（平成11）年にできた児童買春，児童ポルノに係る行為等の規制及び処罰並びに児童の保護等に関する法律は，（　　　　　　　　　　　）法と呼ばれている。

2. 子ども家庭福祉行財政と実施機関

(1) こども家庭庁

「こども政策の新たな推進体制に関する基本方針―こどもまんなか社会を目指すこども家庭庁の創設」(令和3年12月21日閣議決定）によってこども家庭庁の設置が決まり，2023（令和5）年4月に発足した。

こども家庭庁は，子どもにかかわる行政分野のうち，内閣府や厚生労働省が担っていた事務の一元化を目的に設立され，こども政策に関する司令塔機能を一本化するという大きな目的がある。

①こども家庭庁設置に関係する法律

こども家庭庁設置に向けて，関係する以下の法律が整備された。

・こども家庭庁設置法（令和4年法律第75号）
・こども家庭庁設置法の施行に伴う関係法律の整備に関する法律（令和4年法律第76号）
・こども基本法（令和4年法律第77号）

②こども家庭庁の任務

こども家庭庁の任務は，子どもが自立した個人として等しく健やかに成長することができる社会の実現である。こども家庭庁では，子どもに関する新しい課題や担当部局が明確でない課題も取り扱う。このようにして，こぼれ落ちる課題をなくそうとしている。わが国のこども政策全体のリーダーといえるであろう。

③「こども」の範囲

こども家庭庁の取り扱う対象は乳幼児期だけではない。また，「こども」を年齢で定義しておらず，「この法律において「こども」とは，心身の発達の過程にある者をいう」としている（p.6の Column も参照)。

④保育所の所管

厚生労働省所管だった保育所及び小規模保育施設等と，内閣府所管だった認定こども園はこども家庭庁の所管となった。なお，幼稚園は文部科学省所管のままで，こども家庭庁と文部科学省が連携・協議していく。

⑤こども家庭庁の組織

こども家庭庁の組織は，以下の3部署に分かれている。

長官官房（企画立案・総合調整）

・子どもの視点，子育て当事者の視点に立った政策の企画立案・総合調整（こども大綱の策定，少子化対策，子どもの意見聴取と政策への反映など）
・必要な支援を必要な人に届けるための情報発信や広報
・データや統計を活用したエビデンスに基づく政策立案と実践，評価，改善

成育局（子育て支援）

・妊娠・出産の支援，母子保健，成育医療等基本方針の策定
・就学前のすべての子どもの育ちの保障（就学前指針〔仮称〕の策定），幼保連携型認定こども園教育・保育要領，保育所保育指針の双方を文部科学省とともに策定
・相談対応や情報提供の充実，すべての子どもの居場所づくり
・子どもの安全

支援局（多様な課題への対応）

・様々な困難を抱える子どもや家庭に対する年齢や制度の壁を克服した切れ目ない包括的支援
・児童虐待防止対策の強化，社会的養護の充実及び自立支援
・子どもの貧困対策，ひとり親家庭の支援
・障害児支援
・いじめ防止を担い文部科学省と連携して施策を推進

(2) 地方自治体

地方公共団体（地方自治体）は地方自治法により，住民の福祉に関する業務を行うと規定されている。また，児童福祉法や児童虐待の防止等に関する法律でも地方自治体には，国とともに子ども家庭福祉を担うことが求められている。

①都道府県と政令指定都市

都道府県は広域の取り組みが必要な調査や福祉事業を実施し，市町村の子ども家庭福祉について助言，支援，指導を行う。

たとえば，児童相談所は都道府県と政令指定都市[21]が設置することになっており，市町村の担当窓口が受け付けた児童虐待について，専門的な取り組みが必要な場合に担当したり，市町村の取り組みに対して支援したりする。次世代育成支援対策推進法についても都道府県は都道府県行動計

21）政令指定都市とは地方自治法第12章第1節（大都市に関する特例）第252条の19（指定都市の権能）で「政令で指定する人口50万以上の市」と規定されている都市で，行政区を設置することができるなど，一般市とは異なる取扱いがなされる。

画を策定し，市町村の行動計画に協力することになっている。また，市町村間の調整をするのも都道府県の業務である。

都道府県には**児童福祉審議会**を置くことになっている[22]。児童福祉審議会は子ども家庭福祉に関する審議，児童，妊産婦及び知的障害者の福祉に関する事項について調査審議を行う20人以内の委員で組織されている機関である[23]。

22）児童福祉法　第8条（前掲）

23）都道府県には地方社会福祉審議会があるので，社会福祉審議会にその役割を担わせる場合は，児童福祉審議会を置かないこともある。

②市町村

子ども家庭福祉の取り組みは市町村の行政が実際に行うことが多い。

市町村は住民に最も近く，ニーズを的確に把握し，必要な福祉サービスを提供できるという点で，福祉の実施に適していると考えられている。そのために多くの実務が市町村の仕事となっている。

市町村は，子ども家庭福祉に関する審議，児童，妊産婦及び知的障害者の福祉に関する事項について調査審議を行う児童福祉審議会を置くことができる。

小規模の市町村では，十分な行政サービスが難しいということや，予算的な視点，効率化の視点から市町村の合併が行われたが，それまでより福祉が切り下げられた地域もあり，広域化から生じた課題も出ている。また，市町村が多くを担うことにより，市町村間の福祉サービスの量や質の格差が出ることも問題になっている。

(3) 児童相談所

①児童相談所の設置

児童福祉法第12条に「都道府県は，児童相談所を設置しなければならない」とある。児童相談所は，**政令指定都市**にも設置義務がある。児童相談所は子ども（18歳未満）についての相談に応じる機関であり，児童福祉施設や，学校，保育所や幼稚園，地域などと連携して，子ども家庭福祉の問題解決にあたる。

中核市[24] 程度の人口規模（30万人以上）の市も，児童相談所を設置することができる。また，児童相談所を設置する場合，福祉事務所，保健所，知的障害者更生相談所等の各事務所と統合も可能である。

24）中核市とは政令で指定する人口30万人以上の都市。独自に福祉行政・保健衛生行政に関することや都市計画に関することなどの事務を行うことができる。

②児童相談所の機能

児童相談所は児童相談所運営指針[25] によって運営されている。児童相談所の機能には基本的機能と民法上の機能がある。基本的機能としては，市町村援助機能と相談機能，一時保護機能，措置機能がある。

25）厚生労働省が作成した児童相談所の機能や業務内容などについてのガイドラインであり，法的拘束力はない。

基本的機能

a 市町村援助機能

児童相談所は相談のうち，専門的な知識及び技術を要するものに応じ，市町村相互間の連絡調整，必要な援助を行う[26)]。

2004（平成16）年の児童福祉法改正を機に，子ども家庭福祉関係の相談に応じ，虐待の予防と早期発見に努めることが市町村の業務になった。市町村は子ども及び妊産婦の福祉に関し，必要な実情の把握に努め，必要な情報の提供を行い，相談に応じ，必要な調査及び指導などの業務を行う。

その際に，市町村は児童相談所の技術的援助及び助言を求めなければならない。また，医学的，心理学的，教育学的，社会学的及び精神保健上の判定を必要とする場合には，児童相談所の判定を求めなければならない。

児童相談所の役割はこのように，専門的な知識及び技術を必要とする事例への対応や市町村の後方支援に重点化されている。

26） 2004（平成16）年児童福祉法改正法により，2005（平成17）年4月から，児童家庭相談に応じることが住民に身近な市町村の業務として法律上明確にされたため，児童相談所の市町村援助機能が求められるようになった。

b 相談機能

〈養護相談〉

保護者が不在，棄児，離婚，両親の病気，虐待・放任等の課題に対応し，その背景を理解して，家庭環境について把握し，相談内容やニーズを的確に判断する。

その地域における要保護児童対策地域協議会の設置や運営を支援するなど，虐待の予防・早期発見から虐待を受けた子どもの保護・自立支援までの連携体制づくりもする。

〈障害相談〉

障害相談は医師の診断を基礎として展開されるが，生育歴，周産期[27)]の状況，家族歴，身体状況，精神発達状況，保護者や子どもの生活状況等について多面的に調査・診断・判定をして，必要な援助に結びつける。

27） 周産期とは，妊娠22週から出生後7日未満の期間のことである。

〈非行相談〉

児童相談所は，警察や家庭裁判所と連携しながら支援し，援助内容の決定にあたって，警察や家庭裁判所のもっている情報を活用して進める。また，学校や子どもの所属団体と連携することも求められている。

〈育成相談〉

育成相談は，性格，行動，しつけ，適性，不登校等に関する相談である。カウンセリングや心理療法等の援助を行うこともある。不登校に関する相談は学校や教育委員会等の関係機関と連携をはかる。家庭内暴力や自殺企図，強度の摂食障害等，自傷・他害，保護者からの虐待についても念頭に置いて相談を受けることも求められている。

〈その他：里親希望，夫婦関係，いじめ等について〉

いじめについてはその原因などの状況に応じて，学校や教育委員会，医療機関，警察等と連携協力をして進める。

児童相談所への相談内容（図表3-6）をみると，虐待を含む養護相談が最も多く，次いで障害相談となっている。子どもの障害認定が児童相談所を経るというシステムにもよるであろう。

図表3-6

児童相談所における相談の種類別対応件数の推移[28)]

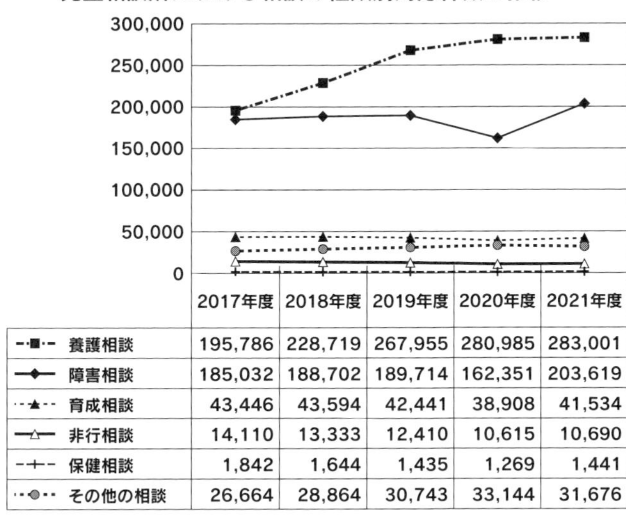

	2017年度	2018年度	2019年度	2020年度	2021年度
養護相談	195,786	228,719	267,955	280,985	283,001
障害相談	185,032	188,702	189,714	162,351	203,619
育成相談	43,446	43,594	42,441	38,908	41,534
非行相談	14,110	13,333	12,410	10,615	10,690
保健相談	1,842	1,644	1,435	1,269	1,441
その他の相談	26,664	28,864	30,743	33,144	31,676

28）厚生労働省「令和3年度福祉行政報告例の概況」，2023より作図。

c 一時保護機能

児童相談所は，必要に応じておおむね2歳以上18歳未満の子どもを家庭から離して一時保護をするとともに，日常生活や，対人関係，学習態度，興味関心，社会性などの把握や生活指導なども行う機能をもつ。一時保護の目的は，子どもの生命の安全を確保することである。一時保護を行うことにより，子どもに危険が及ぶことが避けられ，保護者への調査や指導を進めやすくなる。また，保護者も子どもから一時的に離れることにより，落ち着いたり，支援を受け入れる気持ちになったりすることが考えられる。子どもも一時保護所で安全な生活をするなかで，自分のことを考えられるようになる。

東京都児童相談所の一時保護所の日課は図表3-7のようになっている。子どもが学齢期にあるときは，在籍している学校と連携して学習内容を相談したり，教材などの送付を受けたりする。

図表3-7　一時保護所の日課（例）[29]
（東京都児童相談所の場合）

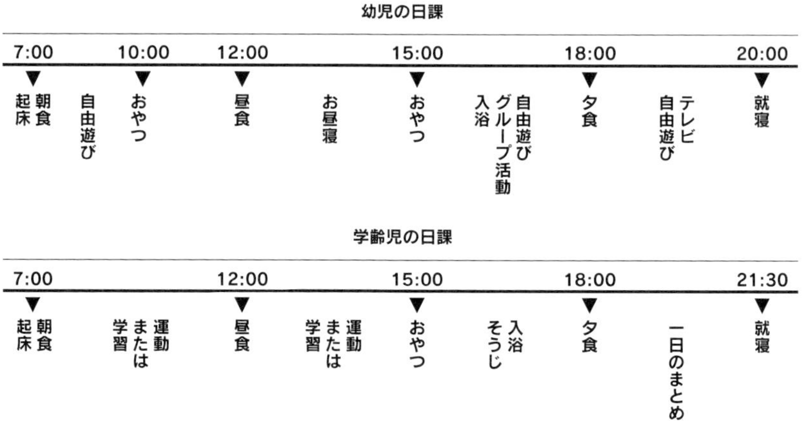

幼児の日課

7:00		10:00	12:00		15:00		18:00		20:00
▼		▼	▼		▼		▼		▼
朝食 起床	自由遊び	おやつ	昼食	お昼寝	おやつ	自由遊び グループ活動 入浴	夕食	テレビ 自由遊び	就寝

学齢児の日課

7:00		12:00		15:00		18:00		21:30
▼		▼		▼		▼		▼
朝食 起床	運動または学習	昼食	運動または学習	おやつ	入浴 そうじ	夕食	一日のまとめ	就寝

29）東京都福祉保健局ウェブサイトを基に作成。https://www.fukushihoken.metro.tokyo.lg.jp/jicen/ji_annai/annai.html

d 措置機能

子どもを児童福祉施設などに入所させたり，里親に委託したりするなどの機能である。児童相談所が措置の決定をする。

民法上の機能

家庭裁判所[30]に対して以下の請求を行う役割がある。

30）家庭裁判所は，家庭に関する事件の審判や調停及び少年保護事件の審判などを行う。

a 未成年後見人選任及び解任の請求

未成年後見人とは日本の民法の制度の一つで，子ども（未成年者）の親など親権者が死亡した場合などの法定代理人（後見人）として，その子どもの監護・養育，財産管理，契約という法律行為などを行う人である。児童相談所は，子どもの最善の利益のために適切な人を未成年後見人として選任するように家庭裁判所に請求する。未成年後見人が不適切な場合などには家庭裁判所に解任を請求するのも児童相談所の役割である。

b 親権者の親権喪失，親権停止，管理権喪失宣告の請求

親権喪失等の宣告は家庭裁判所の審判によって行う。現在の親権者に親権を行使させることが子どもの最善の利益のためによくないと判断した場合にそれを請求する役割を児童相談所が担っている。その際には，子どもの意見を十分聞く必要がある[31]。

31）たとえば，虐待を受けて児童養護施設に入所した子どもの親が，親権があることを理由に無理やり子どもを引き取ろうとして子どもの生命が危ないときや危険があるときなどに，親権者の親権喪失等の宣告の請求が行われる。

図表3-8　児童福祉機関の構造[32]

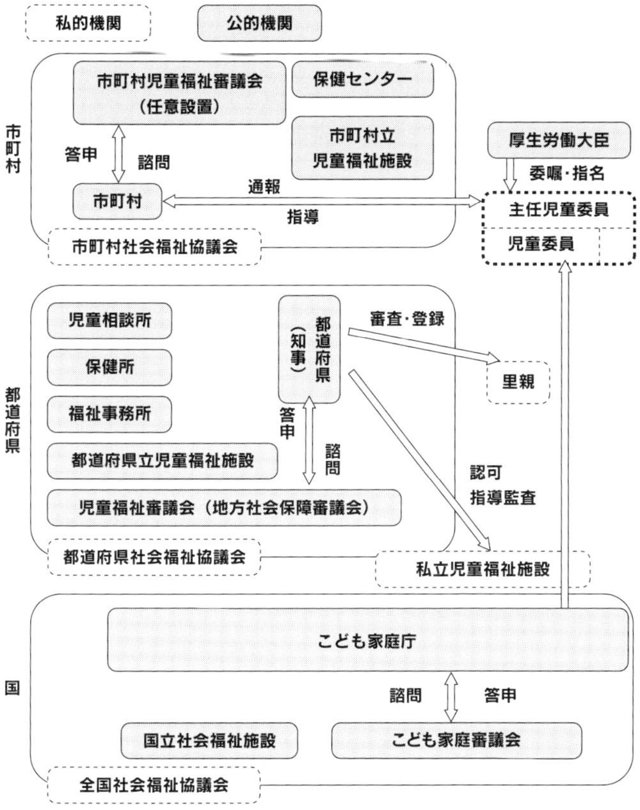

32）図は著者作成。
児童委員はこども家庭庁の所管となったが，委員の委嘱・指名については従来どおり厚生労働大臣が行う。

(4) 要保護児童対策地域協議会

2004（平成16）年に児童福祉法が改正され，虐待に関する都道府県及び市町村などの体制強化のため，関係機関が連携をする**要保護児童対策地域協議会**（地域協議会）[33]が設置されている。要保護児童対策地域協議会の設置によって，以下の効果が期待できる。

①早期発見・早期対応

◎関係機関が連携することで，情報を把握しやすくなり，乳幼児期などに，家庭に隠れやすい初期段階の児童虐待の発見ができる。

◎地域で虐待への意識が高くなり，発生を早期に予防したり，対応したりしやすくなる。

◎「地域協議会」に児童虐待や不適切な養育に関する情報が集まるので，以下の効果が期待できる。

・関係機関が連携して対応がスムーズにできる。

・ケースのたらい回しや放置がなくなる。

・関係者が互いの機能を知り，適切な機関が対応できる。

33）近年，地域には児童相談所だけではなく虐待傾向がある家族を支援する場が多くある。また，児童虐待の防止等に関する法律では，子どもにかかわるあらゆる人や機関に児童虐待の予防・早期発見を求めている。児童虐待に取り組む地域の多様な組織・機関が連携し，組織的な虐待対応をするための仕組みが要保護児童対策地域協議会である。

・早期発見したケースに，早期対応ができるようになる。

②関係機関の連携

◎関係機関の相互理解と役割分担による協働した支援ができる。

◎関係機関が連携することで別の機関に紹介したケースの経過を把握できる。

◎関係機関の情報交換により，多面的な情報から多角的・総合的な分析ができ，適切な援助方針による支援ができる。

◎連携することにより，帰省中の見守りや家庭引き取りに向けての地域の体制づくり，家庭復帰後の家族への援助ができる。

③担当者の意識変化

◎関係機関が問題を共有することにより，担当者だけが抱え込むことによる危険性や過度の負担が軽減される。

◎他機関との情報交換により，機関による児童虐待対応の差が少なくなる。

◎連携により，リスクが高いケースへの対応が早くできる。

◎ケース検討を多くすることで，担当者の虐待への対応力が高まる。

◎長期的な支援が必要なケースについて，関係機関の連携により，市町村レベルで対応できるようになる。

〈小テスト〉

①子ども家庭福祉を担当している省庁は（　　　　　　　　　　）庁である。

②（　　　　　　　　　　）と（　　　　　　　　　　）は，児童相談所を設置しなければならない。

③児童相談所の機能には基本的機能と民法上の機能がある。基本的機能には，（　　　　　　　　）機能，（　　　　　　　　）機能，（　　　　　　　　）機能，（　　　　　　　　）機能がある。

④虐待に関して関係機関が連携をする（　　　　　　　　　　）が都道府県及び市町村などに設置されている。

⑤子どもの親や親権者が死亡したときの法定代理人は（　　　　　　　　　　）である。

⑥現在の親権者に親権を行使させることが子どもの最善の利益のためによくない場合，（　　　　　　　　　　）がなされる。

3. 児童福祉施設等

社会福祉施設は第一種社会福祉事業と第二種社会福祉事業に分類されている（社会福祉法第2条第2項及び第3項）。第一種社会福祉事業には生活型施設があり，第二種社会福祉事業より強い規制と監督が行われている[34)]。通所施設や利用施設は第二種社会福祉事業である。児童福祉施設も同様の分類となっている。

34）社会福祉法　第60条　社会福祉事業のうち，第一種社会福祉事業は，国，地方公共団体又は社会福祉法人が経営することを原則とする。

(1)乳児院

乳児院は，家庭で育てられない事情がある乳児を養育したり，退院した子どもの家族の相談や援助を行う施設である。乳児院は全国に145あり，2,557人の子どもが暮らしている[35)]。そこには，医師又は嘱託医，看護師，個別対応職員，家庭支援専門相談員，栄養士，調理員，（対象者10人以上に心理療法を行う場合は）心理療法担当職員が働いている。

35）厚生労働省「令和3年社会福祉施設等調査の概況」，2022

児童福祉法　第37条

乳児院は，乳児（保健上，安定した生活環境の確保その他の理由により特に必要のある場合には，幼児を含む。）を入院させて，これを養育し，あわせて退院した者について相談その他の援助を行うことを目的とする施設とする。

とくに多い入所理由は，「母の精神疾患等」23.2％，次に多いのは「母の放任・怠だ」の15.7％である。乳児院に入所している子どものうち30.2％

図表3-9

乳児院入所児童の今後の見通し[36)]

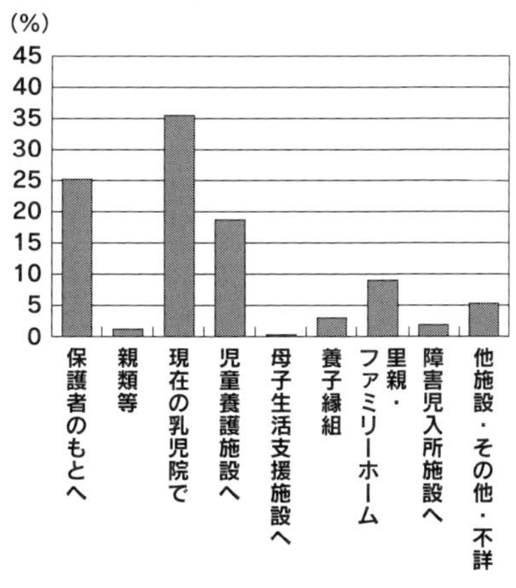

36）厚生労働省「児童養護施設入所児童等調査結果の概要（平成30年2月1日現在）」，2020

に障害がある。入所児童のうち今後保護者のもとに帰れる可能性があるものが25.2%で，乳児院にそのままいる予定の子どもが35.5%，児童養護施設に入所予定の子どもが18.7%である[37]。

37) 厚生労働省「児童養護施設入所児童等調査結果の概要（平成30年2月1日現在）」，2020

この乳児院では，子どもたちは0歳児室と1～2歳児室に分かれて暮らしている。一人ひとりの子どもには担当者がいる。デイリープログラムを設けつつ，一人ひとりの生活リズムに合わせて保育を行っている。

おむつ交換や排泄指導，午睡中の観察，記録，入浴など，家庭に近い環境と生活を整えるのが保育士の仕事である。

また，子どもの家族が，自分で子育てできるようになるための支援も協力し合ってしている。

---

(2) 児童養護施設

児童養護施設は，家庭で育てられない事情がある乳児以外の子どもを入所させて養護し，退所した子どもやその家族に対する相談を受けたり，自立の支援をしたりする施設である。全国に612あり，24,143人の子どもが暮らしている[38]。そこには，児童指導員，嘱託医，保育士，個別対応職員，家庭支援専門相談員，栄養士，調理員，（乳児が入所している施設の場合は）看護師，（対象者10人以上に心理療法を行う場合は）心理療法担当職員，（実習設備を設けて職業指導を行う場合は）職業指導員などが働いている。

38) 厚生労働省「令和3年社会福祉施設等調査の概況」，2022

児童福祉法　第41条

児童養護施設は，保護者のない児童（乳児を除く。ただし，安定した生活環境の確保その他の理由により特に必要のある場合には，乳児を含む。以下この条において同じ。），虐待されている児童その他環境上養護を要する児童を入所させて，これを養護し，あわせて退所した者に対する相談その他の自立のための援助を行うことを目的とする施設とする。

進学の志支える働きの場　養護施設出身者へ独法が「学生サポーター制」

苦学生を支える新しい取り組み「学生サポーター制度」が，今年度から始まった。対象は児童養護施設などで育ち，経済的に親の支援を受けられない大学生たち。学費と生活費のために，多くの時間をアルバイトに費やす状況を改善する手助けをし，本来の学生生活を送ってもらうのが目的だ。

この制度は，独立行政法人国立青少年教育振興機構（東京都）が企画した。運営している青少年自然の家など全国28の教育施設で学生に働いてもらい，平均より多い時給を支払う。学生は収入が安定し，働く時間も減らせる。

仕事は，夏休みや週末などに，子どものリーダー役としてキャンプや宿泊学習を手伝ったり，施設周辺の草刈りをしたりする。年間800時間までがめやすで，120万円の報酬が月10万円ずつ支払われる。働く時間は調整できる。

大学院や短大，高等専門学校（4，5年），専修学校（専門課程）の学生も対象だ。初年度は応募した12人が全員選ばれた。

大学1年の西本雅人さん（19）は今春，児童養護施設を退所。月3万5千円のアパートで一人暮らし。広島県の私立大で社会福祉を学び，「将来は僕と同じ境遇の子どもを支援したい」と話す。入学前のバイトで貯金できたのは学費1年分。「奨学金に頼らずに卒業したい」と，この制度に応募した。「休日の勤務なので勉強を優先できる」と制度を歓迎する。国立江田島青少年交流の家（広島県江田島市）で年800時間働く。

北海道江別市の菅野大介さん（34）は札幌市の私立大4年生。高校卒業後に児童養護施設を退所し，ガソリンスタンドなどで働いていた。だが，「製薬会社のMR（医薬情報担当者）になりたい」と，進学した。「少ない時間で（必要な費用を）稼げれば」と話す。

（朝日新聞東京版　2015年6月6日　朝刊より抜粋）

入所時の養護問題発生理由は，**母の放任・怠だ**15.0％（父の放任・怠だ2.0％），母の精神疾患等14.8％，虐待・酷使（父9.4％，母13.1％），養育拒否5.4％，棄児は0.3％である。児童養護施設入所児童のうち両親またはひとり親がいる者は，93.3％である[39]。在所期間をみると，短期の者が多い傾向にあり1年未満が14.0%，平均在所期間は5.2年である。

39）厚生労働省「児童養護施設入所児童等調査結果の概要（平成30年2月1日現在）」，2020

この児童養護施設は幼児寮と学童寮，中高生寮に分かれている。2歳から小学校入学までは幼児寮で，小学1年生から6年生までは男女別の学童寮，中高生は中高生寮で生活している。複数の子どもが同じ居室で生活しているが，中学3年生になると受験準備もあるので個室が与えられる。基本的な生活プログラムはあるが，個々の学校の行事や部活，習い事に合わせている。

保育士は，朝子どもを起こすことから食事の配膳，掃除・洗濯などの家事を行うほか，宿題をみたり子どもと遊んだり，学校や幼稚園関係への連絡や，児童相談所との連絡調整など子どもの生活すべてにかかわることを行っている。時には退所した子どもが会いにくることもある。そんな子たちの相談にのるのも仕事のうちである。

---

(3) 児童自立支援施設

児童自立支援施設は，不良行為を行ってしまったり，行う可能性がありそうな生活状況の子どもや，家庭環境などが整わず，生活指導が必要と考えられる子どもを入所させたり，家庭から通わせたりして，子どもの自立支援をするとともに，退所した子どもやその家族に対する相談や自立の支援をする施設である。

児童自立支援施設は全国に58あり，1,123人の子どもが暮らしている[40]。児童自立支援施設職員として，児童自立支援専門員，児童生活支援員，嘱託医及び精神科の診療に相当の経験を有する医師又は嘱託医，個別対応職員，家庭支援専門相談員，栄養士，調理員，（対象者10人以上に心理療法を行う場合は）心理療法担当職員，（実習設備を設けて職業指導を行う場合は）職業指導員が働いている。

40) 厚生労働省「令和3年社会福祉施設等調査の概況」，2022

児童福祉法　第44条

児童自立支援施設は，不良行為をなし，又はなすおそれのある児童及び家庭環境その他の環境上の理由により生活指導等を要する児童を入所させ，又は保護者の下から通わせて，個々の児童の状況に応じて必要な指導を行い，その自立を支援し，あわせて退所した者について相談その他の援助を行うことを目的とする施設とする。

図表3-10　家族との交流[41]

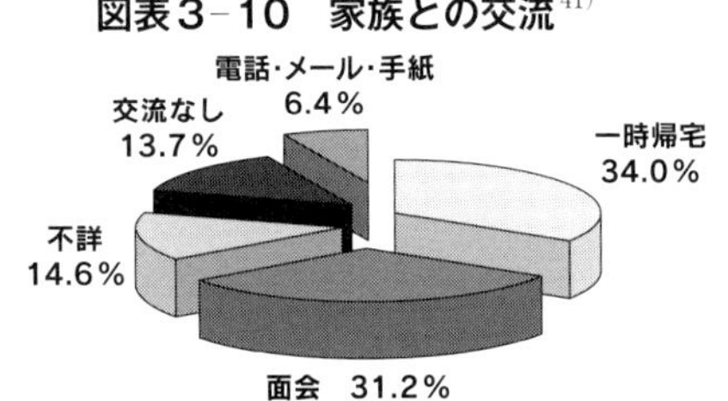

児童自立支援施設の子ども自身の問題以外の入所理由には，**父の虐待・酷使**（5.9%），母の放任・怠だ（5.0%）がある。児童自立支援施設の子どもたちは，家族の面会を受けたり，電話やメール，手紙で連絡し合ったり，長期休暇などには34.0%が自宅に帰ったりしている。

41) 厚生労働省「児童養護施設入所児童等調査結果の概要（平成30年2月1日現在）」，2020

(4) 母子生活支援施設

母子生活支援施設は全国に208あり，そこで7,446人の母子家庭が生活している[42]。

42) 厚生労働省「令和3年社会福祉施設等調査の概況」，2022

母子生活支援施設は，初期には母子家庭に住まいを提供するという意義が大きかった。しかし，現在ではそれだけではなく，DVからの避難先としての意義も大きい。かつては寮のような建物であったが，マンションのような建物に建て替え，セキュリティ機能を高めた施設も多い。名前が母子寮から母子生活支援施設と変わっただけではなく，福祉の支援や保護を受ける機能がある施設としての存在意義をもっている。

児童福祉法改正で母子生活支援施設は措置制度から利用選択方式に移行

している。

児童福祉法　第38条

母子生活支援施設は，配偶者のない女子又はこれに準ずる事情にある女子及びその者の監護すべき児童を入所させて，これらの者を保護するとともに，これらの者の自立の促進のためにその生活を支援し，あわせて退所した者について相談その他の援助を行うことを目的とする施設とする。

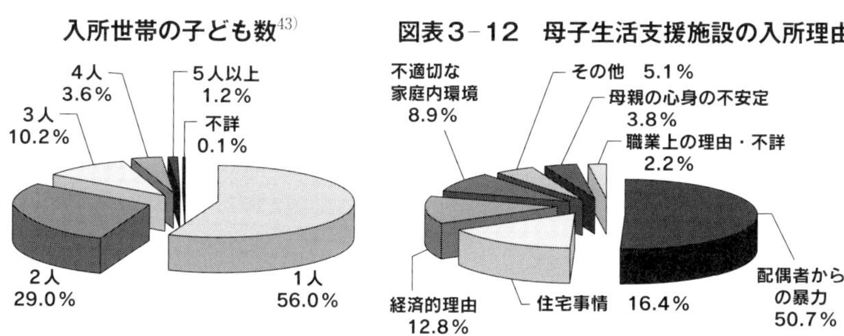

母子世帯になった理由は**離婚**が56.9％と最も多く，次が未婚の母の16.0％である。最も多い入所理由は**配偶者からの暴力**で50.7％であり，次が住宅事情で16.4％である。子ども数は1人が56.0％，2人29.0％，3人10.2％，4人が3.6％である。入所者のうち，3か月以内に退所見込みの者が11.5％，1年以内が17.4％であり，住宅さえあれば退所できる者が14.9％おり，41.7％が公営住宅への転居を希望している。

43）図表3-11，3-12は，厚生労働省「児童養護施設入所児童等調査結果の概要（平成30年2月1日現在）」，2020による。

母子生活支援施設の活用

夫の暴力から逃れるために友人の家に子どもと一緒に身を寄せていた女性が，市の福祉課に相談に行ったところ，母子生活支援施設入所という方法があることを知って入所申し込みをした。入所した施設はマンションのような部屋に親子で住むことができ，集会室もある。また，母子支援員が様々な相談に応じ，活用できる制度についても教えてくれる。その女性は入所後仕事につくことができ，1年後には施設を出て自立し，生活も安定した。

(5) 障害児施設

「障害者自立支援法」が2005（平成17）年に成立し，2006（平成18）年4月1日から順次施行された。障害者自立支援法の制定により，知的障害者福祉法，身体障害者福祉法等の規定が施設規定からなくなった。そして，それまで使われてきた身体障害者療護施設，知的障害者更生施設といった施設名が障害者支援施設となった。2006（平成18）年10月以降の新規施設は障害者自立支援法に基づいて設置されている。対象は身体障害者，知的障害者，精神障害者，発達障害者であり，障害児の施設利用と在宅サービスも障害者自立支援法の適用を受けることになった。子どもに関しては従来の措置制度も併用されている。

なお，この法律は2012（平成24）年に「障害者の日常生活及び社会生活を総合的に支援するための法律」（障害者総合支援法）に改正され，2013（平成25）年4月1日に施行された。

障害児施設は，入所による支援を行う福祉型障害児入所施設・医療型障害児入所施設，通所による支援を行う児童発達支援センターに分類される。

図表3-13　障害児施設の枠組み

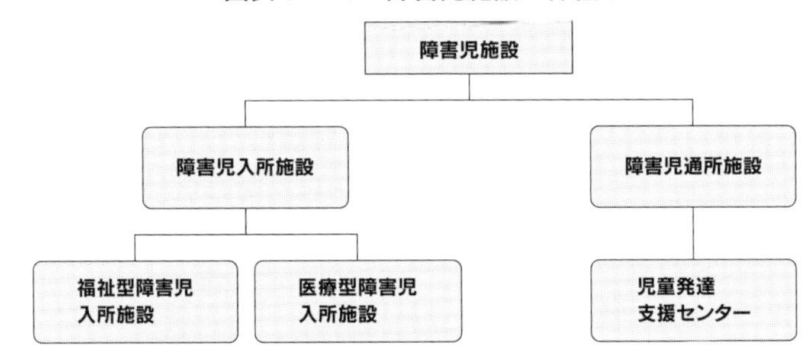

児童福祉法　第7条（再掲）

この法律で，児童福祉施設とは，助産施設，乳児院，母子生活支援施設，保育所，幼保連携型認定こども園，児童厚生施設，児童養護施設，障害児入所施設，児童発達支援センター，児童心理治療施設，児童自立支援施設，児童家庭支援センター及び里親支援センターとする。

①障害児入所施設

障害児入所施設では，障害児入所支援が行われる。障害児入所支援とは，知的障害のある児童，肢体不自由のある児童，重度障害児などが，施設又は指定医療機関に入所し，日常生活の指導を受けたり，生きていくのに必要な知識や技能を身につけたりするための支援である。

平成24年4月より，知的障害児施設，肢体不自由児施設，重度障害児施設などという入所施設の障害種別による分類はなくなったが，各施設には，それまでの障害種別の傾向が色濃く残っている実態がある。

児童福祉法　第7条

② この法律で，障害児入所支援とは，障害児入所施設に入所し，又は独立行政法人国立病院機構若しくは国立研究開発法人国立精神・神経医療研究センターの設置する医療機関であつて内閣総理大臣が指定するもの（以下「指定発達支援医療機関」という。）に入院する障害児に対して行われる保護，日常生活における基本的な動作及び独立自活に必要な知識技能の習得のための支援並びに障害児入所施設に入所し，又は指定発達支援医療機関に入院する障害児のうち知的障害のある児童，肢体不自由のある児童又は重度の知的障害及び重度の肢体不自由が重複している児童（以下「重症心身障害児」という。）に対し行われる治療をいう。

障害児入所施設は，**福祉型障害児入所施設**と**医療型障害児入所施設**に分類されている。

児童福祉法　第42条

障害児入所施設は，次の各号に掲げる区分に応じ，障害児を入所させて，当該各号に定める支援を行うことを目的とする施設とする。

1　福祉型障害児入所施設　保護並びに日常生活における基本的な動作及び独立自活に必要な知識技能の習得のための支援

2　医療型障害児入所施設　保護，日常生活における基本的な動作及び独立自活に必要な知識技能の習得のための支援並びに治療

②障害児通所施設

児童福祉法では，障害児通所施設として**児童発達支援センター**を地域における障害児支援の中核機関に位置づけている。

児童福祉法　第43条

児童発達支援センターは，地域の障害児の健全な発達において中核的な役割を担う機関として，障害児を日々保護者の下から通わせて，高度の専門的な知識及び技術を必要とする児童発達支援を提供し，あわせて障害児の家族，指定障害児通所支援事業者その他の関係者に対し，相談，専門的な助言その他の必要な援助を行うことを目的とする施設とする。

③精神面や情緒面に生活上，課題のある子どものための施設

児童心理治療施設は，環境上の様々な理由により社会生活への適応が困難な子どもを，短期間入所あるいは家庭から通所させて，治療や生活指導

を行うとともに，退所した子どもやその家族に対する相談や自立の支援をする施設である。

児童福祉法　第43条の2

児童心理治療施設は，家庭環境，学校における交友関係その他の環境上の理由により社会生活への適応が困難となつた児童を，短期間，入所させ，又は保護者の下から通わせて，社会生活に適応するために必要な心理に関する治療及び生活指導を主として行い，あわせて退所した者について相談その他の援助を行うことを目的とする施設とする。

児童心理治療施設は，心理的な要因で不登校になっている子どもや，場面緘黙（かんもく）[44] などがある子どものための施設である。入所の背景に虐待がある場合もみられる。

44）ある状況や場所で言葉が出なくなる症状のこと。

(6) 子育て短期支援事業

①トワイライトステイ

トワイライトステイ[45] は，たとえばひとり親家庭などで，残業が続いて帰りが遅いため子どもの世話が難しい場合などに，夕方から夜にかけて子どもを施設や里親家庭で預かる制度である。

45）トワイライトステイ，ショートステイはどの施設にもあるわけではない。

父親と二人暮らしの小学2年生のＰちゃんは，児童養護施設のトワイライトステイを時々利用している。父親が残業で遅くなるときＰちゃんは，学校から施設に帰り，宿題を済ませて入所児童と一緒に遊んだり，食事をしたり，お風呂に入ったりして父親の帰りを待っている。午後8時ごろに迎えにくる父親は，食事も宿題も済ませているＰちゃんと寝るまでの時間を家でゆっくりと過ごす。トワイライトステイを利用する前，Ｐちゃんは家に遅く帰ってきた父親に急きたてられながら夕食を食べ，話をする間もなく布団に入っていた。トワイライトステイを時々利用するようになってからは，父親も「安心して子育てができる」と喜んでいる。

②ショートステイ

ショートステイは，保護者の病気，出産，家族の看護や冠婚葬祭などで子どもを一時的に家庭で養育できないときに施設に短期入所させて預かる制度である。

いずれも利用料がかかるが，減免制度がある。

(7) 児童福祉施設等の費用負担

社会福祉施設や社会福祉事業を地方自治体が行う場合，国からの補助がある。地方公共団体が負担する施設や事業の実費から，利用者負担額を引いた額と補助基準額を比べて額が少ないほうに，施設や事業ごとに決められた国庫負担率をかけた額が国から地方自治体に支払われる。

図表３-14　児童福祉施設の運営予算[46)]

			国	都道府県	市町村	政令指定都市 中核市
助産施設・母子生活支援施設運営費	都道府県実施		1／2	1／2		
	市の実施	都道府県立施設	1／2	都道府県または政令指定都市，または中核市が1／2		都道府県または政令指定都市，または中核市が1／2
		市町村立私立施設	1／2	1／4	1／4	
			1／2			1／2
上記以外の児童福祉施設・里親の措置費			1／2	1／2		
			1／2			1／2（政令指定都市）
国立児童福祉施設措置費			全額			

46)　図表3-14は宇山勝儀・森長秀 編著『三訂社会福祉概論』光生館，2010をもとに著者作成。

47)　図表3-15，3-16は内閣府子ども・子育て本部「子ども・子育て支援新制度について」平成27年7月発表資料より作成。

図表3-15　子ども・子育て支援新制度の概要[47)]

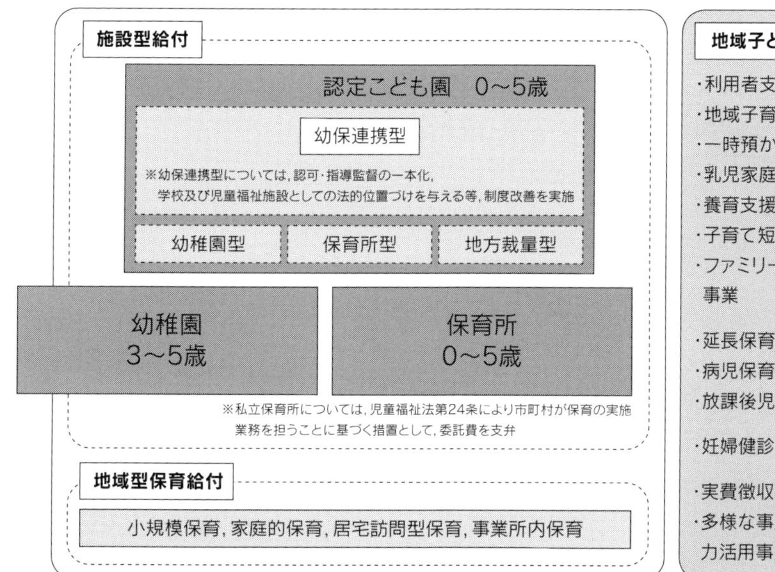

保育所の場合は，利用者ごとに支払う利用料が保護者の収入によって決まる。たとえば私立保育所の場合は保育所運営にかかった費用から利用者が支払う利用料を引いた額に対して，2分の1を国が支払い，4分の1を都道府県（指定都市，中核市）が，残りの4分の1について保育所を設置している市町村が払う。

2015（平成27）年からの子ども・子育て支援新制度では，施設型給付，地域型保育給付，地域子ども・子育て支援事業という財政の枠組みとなる(図表3-15)。

新制度における国と地方の負担割合は図表3-16のようになる。

図表3-16　国・地方の負担（補助）割合

		国	都道府県	市町村	備考
施設型給付	私立	1／2	1／4	1／4	(注)
	公立	—	—	10／10	
地域型保育給付（公私共通）		1／2	1／4	1／4	
地域子ども・子育て支援事業		1／3	1／3	1／3	妊婦健康診査，延長保育事業（公立分）のみ市町村10／10

（注）1号給付に係る，地方の負担については，経過措置有。

〈小テスト〉

①乳児院は，（　　　　　　　　）を入院させて，これを養育し，あわせて（　　　　　　）について相談その他の援助を行うことを目的とする施設とする。

②児童養護施設は，（　　　　　　　　）のない児童，（　　　　　　　　）されている児童その他（　　　　　　　　）上養護を要する児童を入所させて，これを（　　　　　　　　）し，あわせて（　　　　　　　　）した者に対する相談その他の自立のための援助を行うことを目的とする施設とする。

③子育て短期支援事業には（　　　　　　　　）ステイと（　　　　　　）ステイがある。

4. 子ども家庭福祉の専門職・実施者

子ども家庭福祉はそれを促進する専門職を中心に展開されている。社会福祉の専門職である社会福祉士も，子ども家庭福祉の専門分野で活躍している。ここでは，保育所を含む児童福祉施設で実践にあたる専門職について確認しよう。

「児童福祉施設の設備及び運営に関する基準」[48]には施設の職員配置が施設種別ごとに定められている。施設運営の基準は地方自治体が定める「児童福祉施設の設備及び運営に関する基準」に関する条例で決められるが，人員配置は国の基準に必ず適合しなければならない「従うべき基準」であるので，国の基準に従って人員配置がなされる。

48）児童福祉法第45条「都道府県は，児童福祉施設の設備及び運営について，条例で基準を定めなければならない。この場合において，その基準は児童の身体的，精神的及び社会的な発達のために必要な生活水準を確保するものでなければならない」により，「児童福祉施設の設備及び運営に関する基準」が都道府県で定められる。

(1) 養護系施設で働く人たち

①乳児院で働く人たち

体調変化が著しい乳児期にあり，けっして良好とはいえない環境で育てられてきた乳児が多い乳児院には医療的なかかわりが必要であるため，看護師を置くことになっている。2011（平成23）年以降は，個別対応職員，家庭支援専門相談員，**心理療法担当職員**の配置が義務化されている[49]。

49）心理療法担当職員の配置は，対象者10人以上に心理療法を行う場合と規定されている。

児童福祉施設の設備及び運営に関する基準　第21条

乳児院（乳幼児10人未満を入所させる乳児院を除く。）には，小児科の診療に相当の経験を有する医師又は嘱託医，看護師，個別対応職員，家庭支援専門相談員，栄養士及び調理員を置かなければならない。ただし，調理業務の全部を委託する施設にあつては調理員を置かないことができる。

2　家庭支援専門相談員は，社会福祉士若しくは精神保健福祉士の資格を有する者，乳児院において乳幼児の養育に5年以上従事した者又は法第13条第3項各号のいずれかに該当する者でなければならない。

3　心理療法を行う必要があると認められる乳幼児又はその保護者10人以上に心理療法を行う場合には，心理療法担当職員を置かなければならない。

4　心理療法担当職員は，学校教育法（昭和22年法律第26号）の規定による大学（短期大学を除く。）若しくは大学院において，心理学を専修する学科，研究科若しくはこれに相当する課程を修めて卒業した者であつて，個人及び集団心理療法の技術を有するもの又はこれと同等以上の能力を有すると認められる者でなければならない。

5　看護師の数は，乳児及び満2歳に満たない幼児おおむね1.6人につき1人以上，満2歳以上満3歳に満たない幼児おおむね2人につき1人以上，満3歳以上の幼児おおむね4人につき1人以上（これらの合計数が7人未満であるときは，7人以上）とする。

6　看護師は，保育士（中略）又は児童指導員（児童の生活指導を行う者をいう。以下同じ。）をもつてこれに代えることができる。ただし，乳幼児10人の乳児院には2人以上，乳幼児が10人を超える場合は，おおむね10人増すごとに1人以上看護師を置かなければならない。
　7　前項に規定する保育士のほか，乳幼児20人以下を入所させる施設には，保育士を1人以上置かなければならない。

②児童養護施設で働く人たち

かつては児童養護施設において，男性職員は児童指導員，女性職員は保育士という実態があったが，現在ではそのような性別役割分担はない。しかし，近年増えている**グループホーム**では，入所児童の父母役割を果たす男女の職員が配置されている場合が多くなっている。職員の個人的な思い込みによる家庭観や性的役割を常識として子どもに伝えてしまわないように注意しなければならない。

児童福祉施設の設備及び運営に関する基準　第42条

児童養護施設には，児童指導員，嘱託医，保育士（中略），個別対応職員，家庭支援専門相談員，栄養士及び調理員並びに乳児が入所している施設にあつては看護師を置かなければならない。ただし，児童40人以下を入所させる施設にあつては栄養士を，調理業務の全部を委託する施設にあつては調理員を置かないことができる。
　2　家庭支援専門相談員は，社会福祉士若しくは精神保健福祉士の資格を有する者，児童養護施設において児童の指導に5年以上従事した者又は法第13条第3項各号のいずれかに該当する者でなければならない。
　3　心理療法を行う必要があると認められる児童10人以上に心理療法を行う場合には，心理療法担当職員を置かなければならない。
（中略）
　6　児童指導員及び保育士の総数は，通じて，満2歳に満たない幼児おおむね1.6人につき1人以上，満2歳以上満3歳に満たない幼児おおむね2人につき1人以上，満3歳以上の幼児おおむね4人につき1人以上，少年おおむね5.5人につき1人以上とする。ただし，児童45人以下を入所させる施設にあつては，更に1人以上を加えるものとする。
　7　看護師の数は，乳児おおむね1.6人につき1人以上とする。ただし，1人を下ることはできない。

児童養護施設には**家庭支援専門相談員**（ファミリーソーシャルワーカー）が配置されている。家庭支援専門相談員は，施設入所前から在所中，退所後に至るまで子どもとその家族の相談にのり，関係機関と連携しながら家族関係を調整する専門職である。また，個別対応職員，家庭支援専門相談員のほか，看護師，心理療法担当職員も配置される。

児童養護施設では，**自立支援計画**が作成される。自立支援計画は，入所から退所までの養護計画である。児童相談所と連携して作成し，定期的に見直しながらこれにそって専門的養護が展開される。

児童養護施設を退所した子どもの暮らす場として自立援助ホーム[50]が

50）　自立援助ホーム利用には住居費や食費などの，利用実費が必要である。

ある。自立援助ホームは，児童福祉施設ではなく児童福祉法には児童自立生活援助事業として位置づけられている。自立援助ホームは，義務教育を終えて児童養護施設，児童自立支援施設などを退所し，就職する子どもたちが利用できる施設であり，子どもたちはここで日常生活上の援助を受けながら共同生活をし，社会的自立をはかる。自立援助ホームには，児童養護施設で育った子どもたちばかりではなく，不登校や引きこもりの子どもを家庭から預かっているところもある。

(2) 障害児施設で働く人たち

児童福祉施設の設備及び運営に関する基準　第49条

主として知的障害のある児童（自閉症を主たる症状とする児童（以下「自閉症児」という。）を除く。次項及び第3項において同じ。）を入所させる福祉型障害児入所施設には，嘱託医，児童指導員，保育士（中略），栄養士，調理員及び児童発達支援管理責任者（障害児通所支援又は障害児入所支援の提供の管理を行う者としてこども家庭庁長官が定めるものをいう。以下同じ。）を置かなければならない。ただし，児童40人以下を入所させる施設にあつては栄養士を，調理業務の全部を委託する施設にあつては調理員を置かないことができる。

2　主として知的障害のある児童を入所させる福祉型障害児入所施設の嘱託医は，精神科又は小児科の診療に相当の経験を有する者でなければならない。

3　主として知的障害のある児童を入所させる福祉型障害児入所施設の児童指導員及び保育士の総数は，通じておおむね児童の数を4で除して得た数以上とする。ただし，児童30人以下を入所させる施設にあつては，更に1以上を加えるものとする。

主として知的障害のある児童を入所させる福祉型障害児入所施設の職員は児童福祉施設の設備及び運営に関する基準第42条（児童養護施設）に準じた基準とされている。しかし，障害がある子どもへのケアを手厚くするために，職員数は多めに配置されるようになっており，精神科の医師に関する規定もある。主として自閉症児を入所させる福祉型障害児入所施設については，医療分野の職員配置が求められている。

4　主として自閉症児を入所させる福祉型障害児入所施設には，第1項に規定する職員並びに医師及び看護職員（保健師，助産師，看護師又は准看護師をいう。以下この条及び第63条において同じ。）を置かなければならない。ただし，児童40人以下を入所させる施設にあつては栄養士を，調理業務の全部を委託する施設にあつては調理員を置かないことができる。

5　主として自閉症児を入所させる福祉型障害児入所施設の嘱託医については，

第２項の規定を準用する。

６　主として自閉症児を入所させる福祉型障害児入所施設の児童指導員及び保育士の総数については，第３項の規定を準用する。

７　主として自閉症児を入所させる福祉型障害児入所施設の医師は，児童を対象とする精神科の診療に相当の経験を有する者でなければならない。

８　主として自閉症児を入所させる福祉型障害児入所施設の看護師の数は，児童おおむね20人につき１人以上とする。

実体として，主として盲児が生活する施設と主としてろうあ児が生活する施設は別の施設として運営されている。主として盲児を入所させる施設では，障害の性質上眼科医を，また主としてろうあ児を入所させる施設では耳鼻咽喉科医を嘱託医とすることになっている。

９　主として盲ろうあ児を入所させる福祉型障害児入所施設については，第１項の規定を準用する。

10　主として盲ろうあ児を入所させる福祉型障害児入所施設の嘱託医は，眼科又は耳鼻咽喉科の診療に相当の経験を有する者でなければならない。

11　主として盲ろうあ児を入所させる福祉型障害児入所施設の児童指導員及び保育士の総数は，通じて，児童おおむね４人につき１人以上とする。ただし，児童35人以下を入所させる施設にあつては，更に１人以上を加えるものとする。

12　主として肢体不自由のある児童を入所させる福祉型障害児入所施設には，第１項に規定する職員及び看護職員を置かなければならない。ただし，児童40人以下を入所させる施設にあつては栄養士を，調理業務の全部を委託する施設にあつては調理員を置かないことができる。

13　主として肢体不自由のある児童を入所させる福祉型障害児入所施設の児童指導員及び保育士の総数は，通じておおむね児童の数を3.5で除して得た数以上とする。

14　心理指導を行う必要があると認められる児童５人以上に心理指導を行う場合には心理指導担当職員を，職業指導を行う場合には職業指導員を置かなければならない。

15　心理指導担当職員は，学校教育法の規定による大学（短期大学を除く。）若しくは大学院において，心理学を専修する学科，研究科若しくはこれに相当する課程を修めて卒業した者であつて，個人及び集団心理療法の技術を有するもの又はこれと同等以上の能力を有すると認められる者でなければならない。

心理指導担当職員は，入所児童の心理的なケアを行うが，心理職としての資格は求められていない。職業指導員が行うのは，①職業選択のための相談，助言，情報の提供等，②実習，講習等による職業指導，③就職の支援，④退所児童の就労及び自立に関する相談援助である[51)]。職業指導員にも特別な資格要件はない。

51）厚生労働省雇用均等・児童家庭局「家庭支援専門相談員，里親支援専門相談員，心理療法担当職員，個別対応職員，職業指導員及び医療的ケアを担当する職員の配置について」平成24年４月５日より。

(3) 保育所で働く人たち

保育所で働く保育士の配置人数は，「児童福祉施設の設備及び運営に関する基準」で決められている[52]。国は，保育の質の向上を図るため，運営費の加算によって3歳児の配置を20：1から15：1に増やしていく方針を2015（平成27）年度から出している。1歳児については6：1から5：1に，4，5歳児については30：1から25：1に増員する方針だが，基準自体の改正には至っていない。

52)・乳児（1歳未満児）：3人につき1人
・満1歳以上3歳未満児：6人につき1人
・満3歳以上4歳未満児：20人につき1人
・満4歳以上児：30人につき1人

児童福祉施設の設備及び運営に関する基準　第33条

保育所には，保育士（中略），嘱託医及び調理員を置かなければならない。ただし，調理業務の全部を委託する施設にあつては，調理員を置かないことができる。

2　保育士の数は，乳児おおむね3人につき1人以上，満1歳以上満3歳に満たない幼児おおむね6人につき1人以上，満3歳以上満4歳に満たない幼児おおむね20人につき1人以上，満4歳以上の幼児おおむね30人につき1人以上とする。ただし，保育所1につき2人を下ることはできない。

保育所には保育士以外の職員がおり，保育士はそれら他職種と協働することが求められている。

保育所における**保育士の専門性**について，保育所保育指針解説では，保育士の専門性として以下をあげている[53]。

53)　厚生労働省編『保育所保育指針解説』フレーベル館，2018，p.17

①これからの社会に求められる資質を踏まえながら，乳幼児期の子どもの発達に関する専門的知識を基に子どもの育ちを見通し，一人一人の子どもの発達を援助する知識及び技術
②子どもの発達過程や意欲を踏まえ，子ども自らが生活していく力を細やかに助ける生活援助の知識及び技術
③保育所内外の空間や様々な設備，遊具，素材等の物的環境，自然環境や人的環境を生かし，保育の環境を構成していく知識及び技術
④子どもの経験や興味や関心に応じて，様々な遊びを豊かに展開していくための知識及び技術
⑤子ども同士の関わりや子どもと保護者の関わりなどを見守り，その気持ちに寄り添いながら適宜必要な援助をしていく関係構築の知識及び技術
⑥保護者等への相談，助言に関する知識及び技術

認定こども園の職員資格は，0～2歳児は保育士資格保有者，3～5歳児は幼稚園教諭免許と保育士資格の併有が望ましいとされている。学級担任には幼稚園教諭免許の保有者，長時間利用児への対応については保育士資

研修風景

格の保有者を原則としている。

保育士には福祉を担う専門職として保護者等の相談を受けたり助言したり，家族への保育指導や地域のネットワークを結びつけてその自然環境や人的環境を活用する技術が求められている[54]。

保育所保育指針には職員の研修が明記され，保育所で働く保育士の専門性の高まりが期待されている。

54) 保育所型認定こども園についての職員配置規定は，0〜2歳児は保育所と同様，3〜5歳児は学級担任を配置し，長時間利用児には個別対応が可能な体制をとるとされている。

保育所保育指針　第5章　職員の資質向上

3　職員の研修等

(1) 職場における研修

職員が日々の保育実践を通じて，必要な知識及び技術の修得，維持及び向上を図るとともに，保育の課題等への共通理解や協働性を高め，保育所全体としての保育の質の向上を図っていくためには，日常的に職員同士が主体的に学び合う姿勢と環境が重要であり，職場内での研修の充実が図られなければならない。

(2) 外部研修の活用

各保育所における保育の課題への的確な対応や，保育士等の専門性の向上を図るためには，職場内での研修に加え，関係機関等による研修の活用が有効であることから，必要に応じて，こうした外部研修への参加機会が確保されるよう努めなければならない。

(4)住民による子ども家庭福祉活動

子ども家庭福祉の仕事をしているかそうでないかに関係なく，地域住民全体で子ども家庭福祉に取り組む必要がある。ここでは，住民による子ども家庭福祉の活動をいくつか確認してみよう。

①ファミリー・サポート・センター事業

ファミリー・サポート・センター事業は，子どもを預かることができる住民（提供会員）が事務局に会員登録し，子どもを預けたい住民（利用会員）も会員になり，有料（1時間600〜800円程度）で保育をする仕組みである。社会福祉協議会や行政，NPOなどがその事務局業務を行っている。ファミリー・サポート・センター事業には，保育を通じて地域に知り合いを増やし，子育てしやすい地域をつくるという意図もある。利用するときの理由は，保育所への送迎が間に合わないときや，急な用事などだが，リラックスするために利用してもかまわない。提供会員は決められた研修を受けてから活動を始める。

図表3-17　ファミリー・サポート・センター事業の仕組み[55)]

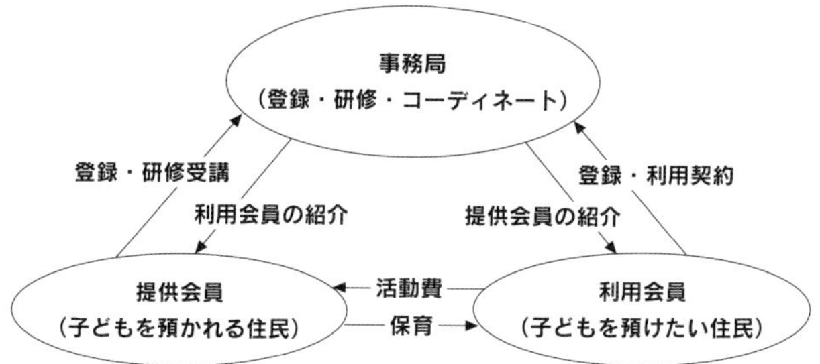

55)　著者作成

ファミリー・サポート・センター事業の運営では，提供会員と利用会員の組み合わせや調整を行うコーディネートの方法が各地で工夫され，様々な展開をみせている。初回のみコーディネートしたあと，相性が良ければ，利用会員はいつも決まった提供会員に直接依頼している地域もある。また，なれ合いを防ぐために，コーディネーターが毎回あえて不特定の相手を紹介するという方法をとっている地域もある。

このように，地域に少なくなってきた住民の互助的かかわりを，制度化して有償で行っていこうという動きが各地で広がっている。児童分野にかぎらず，高齢者分野でも，有償で支援活動をする住民の互助的グループがある。

子育てに疲れて

子育てに負担を感じている母親は，実家に子どもを預けて息抜きをしたいと考えたが，実母に「母親ならがんばれ！」と言われてしまった。夫も，「休日はゆっくり過ごしたい。子育ては母親の役目だろ」と言って，取り合ってくれない。そんなある日，母親はファミリー・サポート・センターのことを知った。事務局に電話し，「息抜きでもいいですか？」と聞くと「もちろん」との答えだった。そこで母親は事務局で手続きをし，子どもを提供会員の家に預けて大好きな映画を観た。それ以来，月に1回子どもを預けて映画に行くようになり，明るさを取り戻した。その様子を見た夫は，子育てにも息抜きが必要なことに気づいて子どもの世話を引き受けるようになり，ファミリー・サポートセンターの利用回数も徐々に減っていった。

急な残業で

事務所に勤めている母親は，たいていは時間どおりに仕事が終わるが，たまに帰り際に急な仕事を頼まれ，保育所の迎えに間に合わなくなることがある。急な残業では，夫にも迎えを頼めない。以前は時間が気になって仕方なかったが，最近は，ファミリー・サポート・センターの提供会員がいるので安心だ。はじめは，事務局を通して提供会員を紹介してもらったが，決まった人に頼むようになった現在では，残業になると提供会員に直接電話して子どもの迎えを頼んでいる。近所に頼もしい親戚ができたような気持ちで，安心して暮らせるようになった。

---

②母親クラブ

昭和の初めに各地に誕生しはじめた母親クラブは，1948（昭和23）年に組織化[56]されている。母親クラブ活動の内容には，5つの柱がある。

- ・親子及び世代間の交流・文化活動
- ・児童養育に関する研修活動
- ・児童の事故防止のための活動
- ・児童館の日曜等の開館活動
- ・その他，子ども家庭福祉の向上に寄与する活動

母親クラブは全国にのべ17万人の参加者をもち[57]，母親だけでなく，年齢や性別を問わず，子どものための活動に関心がある人なら入会できる。各地で単位クラブが親同士の交流促進をしながら，自主的に企画・運営し，子どもたちを取り巻く問題について，社会的な活動を展開している。公園の遊具の安全点検や，地域の安全点検などが全国レベルで行われている。

母親クラブは，加入メンバーのための活動だけでなく，地域のすべての子どものために活動することを重視している。

③ NPO 法人など

NPO 法人（民間非営利法人）とは，1998（平成10）年に施行された**特定非営利活動促進法**[58]により，法人格を与えられた特定非営利活動を行う団体のことである。資本金や基本財産は求められておらず，法律要件を満たし申請すると，都道府県または内閣府により法人として認証される。NPO 法人は，共通の目的意識で集まり，自分たちの力を社会に生かしていこうという団体である。子ども家庭福祉分野でも，子育て支援活動をしているグループが NPO 法人になる例もみられる。NPO 法人となることにより，責任の所在，永続性という点で，社会的な信用が得られ，子育て支援事業について，行政から委託を受けるというように可能性が広がる。

近年では，指定管理者制度[59]により公的な子育て支援センターや児童館などの運営管理をする NPO も多い。

56） 各地で結成した子育てサークルが地域活動連絡協議会に登録すると，それを国や各都道府県や市町村などの行政機関，児童厚生施設や企業などが支援するという仕組みである。

57） 全国地域活動連絡協議会「母親クラブ活動の手引き」，2005

58） 特定非営利活動促進法とは営利を求めない社会活動を行う民間団体に法人格を与え，公的活動の発展を促進することを目的とする法律で，1998（平成10）年に施行された。NPO 法と呼ばれている。

59） 指定管理者制度とは，地方自治体やその外郭団体に限って管理・運営させていた公的施設を，企業，財団法人，NPO 法人などの法人やその他の団体に代行させ，住民サービスの向上や経費の節減などをはかろうとする制度。2003（平成15）年に施行された。

当事者から支援者になる母親たち

母親サークルや母親クラブなどの子育て当事者が，子育て後にNPO法人となり，行政とタイアップして子育て支援のイベントや，保育事業，支援センター運営，つどいの広場を運営している。NPO化することにより，ボランティアや住民から始まり，仕事として取り組むような動きがある。

④自治会

自治会，町会，町内会などと様々な名称があるが，わが国のいたるところに存在している。組織化された日本型ボランティア団体の一形態であるといえる。多くの自治会は行政とのかかわりをもちながら活動している。

各自治会活動の子どもにかかわる活動例は多様にある。

・青少年の育成や非行の防止
・文化祭や運動会の企画運営
・回覧板や掲示板を通じた情報提供
・公園の清掃や外灯管理などの環境整備
・交通安全，防犯・防火
・保育活動
・ラジオ体操
・盆踊り，餅つきや鏡開き，どんど焼き，地域舞踊など
・子ども会の運営
・三世代交流事業や体験学習
・子育てサロンの企画実施

老人会と子ども会の交流事例

秋の祭日に，この地域では公園で自治会の炊き出しの会がある。初めは災害時の食事提供の訓練であったが，数年前から自治会の提案で，地域の小学生と高齢者がペアになって，自治会で用意したおにぎりと豚汁を食べる企画になった。体が不自由な高齢者もいるので，車椅子の押し方や，手の引き方などは民生・児童委員が小学生に教えている。

企画は年に一度だが，子どもも高齢者も近所に住んでいるので，最近では，交流会で知り合った高齢者を町で見かけて「○○さ～ん」と呼びかける子どもの姿がみられるようになった。

⑤商店や工場

地域の地元商店や工場などが子育て支援活動をしている地域もある。また，空き店舗を利用したひろば活動を行っている地域もある。商店主たちが町おこしをかねて，子育て中の家族と住民が交流したり，子どもの遊び場づくりをしたり，**三世代交流**をしている地域もある。

市場探検隊の事例

漁港があるこの町の魚市場は以前のような活気がない。魚市場の近くには新しくマンションが建ち，子育て中の家族が住むようになった。そこで，魚市場の組合では，子育て中の家族に市場に親しみをもってもらう企画を考えた。食育を兼ねているので，学校の協力も得られた。

当日は，子どもとその保護者が市場を見学し，市場で働いている人たちと交流した後に魚料理を一緒に食べた。その後，市場で買い物をする親子の姿がみられるようになった。

工場の廃材活用の事例

この地域は製紙工場が多い。保育所では，美しい和紙を使って壁面が飾られている。製紙工場で出る和紙の切り落としをもらって，子どもたちが制作をしているのである。子どもたちがつくった作品の写真を工場に届けている保育所もあるし，子どもたちを連れて壁面の写真を見せにいく保育所もある。工場の人たちが保育所の作品展に見学に来ることもある。このように，地域の産業を担っている製紙工場と保育所の子どもたちの交流が進んで，子どもたちは自分の住んでいる市の産業に関して身近に感じるようになっている。

(5) 里親と児童養育

①里親とファミリーホーム

里親には，**養育里親**，**養子縁組里親**，**親族里親**があり（後述），現在は養育里親と養子縁組里親のいずれにも研修が義務づけられている。

里親に託される子どもは4名以内とされた。これは小規模住居型児童養育事業（ファミリーホーム）[60] の定員が5人または6人とされていることによる。

里父の年齢は60歳以上が最も多く31.9％，里母は50～59歳で32.6％である。里親に委託されている子どものうち，家族の交流がないものは70.3％であり，これは，家族との交流がない子どもの割合が，乳児院で21.5％，児童養護施設で19.9％であることに比べると多い。一方，里親に委託されている子どものうち，今後養子縁組の見通しがある者が12.2％いる[61]。

里親には以下の種類がある。

60）2008（平成20）年の児童福祉法改正で規定された事業であり，要保護児童（5～6人）を家庭的な環境で育てる事業である。

61）厚生労働省「児童養護施設入所児童等調査結果の概要（平成30年2月1日現在）」，2020，図表3-18も同調査結果より作図。

養育里親（専門里親を含む）

養育里親：里親の要件を満たし，養育里親研修を修了し，都道府県知事が適切と認めて，養育里親名簿に登録された人。

専門里親：養育里親のうち，児童虐待を受けたり，非行や障害があったりして特に支援が必要な子どもの里親となれる人。専門里親研修を修了し，都道府県知事が適切と認めて，養育里親名簿に登録されている。

養子縁組里親

養子縁組を希望しており，養子縁組里親研修を修了し，子どもを委託する人として都道府県知事が適切と認めて，養子縁組里親名簿に登録された人。

親族里親

要保護児童の扶養義務者及びその配偶者である親族。

里親制度の運用については，里親制度運営要綱に定められており，都道府県から里親手当（養育里親・専門里親のみ），養育・教育費と生活費が支払われる。このうち国が2分の1を負担する。

里親として委託される子どもの年齢は18歳までであるが，場合により20歳までとなることもある。里親の認定は児童相談所が調査して適切かどうかを見極めて都道府県知事に申請する。

里親の養育内容については，里親及びファミリーホーム養育指針が2012（平成24）年に出され，指針にそった養育が行われる。

里親になった動機は「児童福祉への理解」が41.7％と最も多く，「子どもを育てたい」が30.8％で2番目である。

図表3-18　里親の申し込み動機

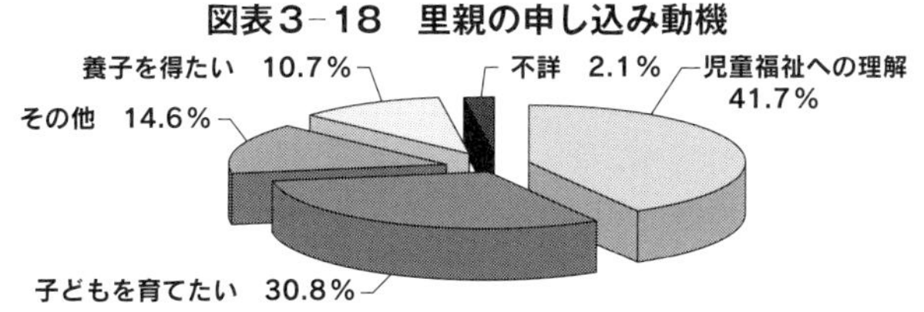

Ｙさんは里親として4歳のＱちゃんを育てている。里子として子どもを委託されるのは2回目である。近所の人たちも幼稚園の先生もＹさんが里親として活動していることを以前から知っており，里子のＱちゃんのことをいつも気にかけてくれている。里親制度の普及のために，Ｙさんはいろいろなところで講演をしたり，研修の講師をしたりして，里親としての経験を周囲の人たちに話している。

小規模住居型児童養育事業（ファミリーホーム）

東京都荒川区の若狭一広さん（45）は4月にファミリーホームに登録した。これまでも保護が必要な子どもを何人も預かり夫婦で世話してきたが，新制度を利用し，食事や洗濯など家事を手伝うスタッフを1人雇った。「その分，子どもとの時間に充てられる」

自身の子どもも2人おり，複数の子どもを育てるのは大変だが，互いに面倒をみたり勉強を教えたり「親も助かっている」と笑う。家庭的な雰囲気は子どもにもプラスだ。ある女の子は預けられた当時，話もせず，投げやりな態度だった。それでもほかの子と触れあうなかで，見違えるように明るくなったという。

（日本経済新聞 2009年5月25日 朝刊より抜粋）

②児童委員・主任児童委員

児童委員は，児童福祉法により規定されている。児童委員は，**民生委員法**により選ばれた民生委員が兼ねている。**児童委員**は担当地域をもち，その地域内に住んでいる子どもや妊産婦の福祉のために活動するボランティアの住民であり，厚生労働大臣から委嘱される。

主任児童委員は子ども家庭福祉の知識や実践経験をもっているものが望ましいとされており，児童委員のなかから厚生労働大臣により指名される。主任児童委員は担当地域をもたず，児童委員と児童福祉機関との連絡調整や児童委員の活動への援助や協力を行う[62]。

62）児童委員や主任児童委員は地区や行政区の民生・児童委員協議会に所属し，社会福祉協議会や行政と連携しながら活動している。かつての民生・児童委員の活動範囲は生活保護世帯や障害児・者世帯が多かったが，現在では，地域子育て支援活動も担っている。社会福祉協議会は，社会福祉法に基づき，住民と福祉関係機関・団体により構成された民間福祉団体である。地域の福祉向上を目的として，国・都道府県・市区町村単位で設置されている。

児童委員の活動例

初めて子育てをする母親の育児不安に対応するために，保健センターでは，出産した母親たちを誘い，地域の会館を使って「あかちゃんグループ」をつくっている。その会は月2回あり，保健師が担当する。開催地区の児童委員もこの会を手伝っている。児童委員は地区に長く住んでいる人が多く，子育て経験もある人が多い。会で情報提供するうちに，参加者と親しくなり，日常生活のなかでも相談できる関係ができている。少し大きくなった子どもたちからは「児童委員さん」と言われて慕われている。

〈小テスト〉

①児童福祉施設の設備及び運営に関する基準第33条において，保育所には，保育士，（　　　　　　）及び（　　　　　　）を置かなければならないとされている。

②里親の種類には，（　　　　　　）里親（〔　　　　　　〕里親を含む），（　　　　　　）里親，（　　　　　　）里親がある。

③養育里親と養子縁組里親は，（　　　　　　）を受けなければならない。

④児童委員は，（　　　　　　）法により規定されている。（　　　　　　）委員が，児童委員を兼ねている。

⑤児童委員は（　　　　　　）を持ち，その地域内に住んでいる（　　　　　　）や（　　　　　　）の福祉のために活動する（　　　　　　）の住民であり，（　　　　　　）から委嘱される。

⑥主任児童委員は児童委員のなかから（　　　　　　）により指名される。

⑦主任児童委員は（　　　　　　）をもたず，（　　　　　　）と（　　　　　　）との連絡調整や（　　　　　　）の活動への援助や協力を行う。

⑧（　　　　　　）はファミリーホームと呼ばれ，定員５～６人で要保護児童を家庭的環境で育てる事業である。

発展編

1. 児童虐待防止への取り組み

(1) 児童相談所における相談の流れ

児童相談所における相談の流れをみてみよう。

児童相談所は家族からの相談，住民や関係機関からの虐待通告や，家庭裁判所からの送致を受けて活動をする。家族からの相談を受けやすくするために巡回相談，電話相談なども行っている。

児童相談所が課題を把握すると，調査，アセスメント，診断を行う。調査，アセスメント，診断は，児童福祉司や相談員等により行われる調査とそれに基づく**社会診断**や児童心理司等による**心理診断**，医師による**医学診断**，一時保護部門の児童指導員や保育士等による**行動診断**，理学療法士等による診断，その他多面的に行う。さらに診断に基づき**判定（総合診断）**をし，可能なかぎり子どもや保護者等と協議しながら援助指針を策定する。そして，決定した援助指針に基づき子どもや保護者に対する指導，施設入所等の措置等の必要な援助を行う。

63） 厚生労働省「子ども虐待対応の手引き（平成25年8月改正版）」より作図。

図表3-19　児童相談所における相談の流れ[63]

相談を受け付ける

地域の巡回相談や家庭からの電話相談，住民や関係機関からの虐待通告，家庭裁判所からの送致などから取り組みが始まる。

必要な調査やアセスメントを含む診断をする

- **児童福祉司，相談員等により行われる調査とそれに基づく社会診断をする。**
- **児童心理司等が心理診断をする。**
- **医師が医学診断をする。**
- **一時保護部門の児童指導員，保育士等が行動診断をする。**
- **その他の診断（理学療法士等によるもの等）をする。**

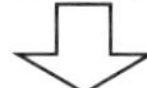

総合診断・判定をして支援指針を決める

援助指針をつくるプロセスで，できるだけ子どもや保護者等と話し合いをする。

支援をする

援助指針に基づいて子どもや保護者等に対して具体的に指導したり，施設に措置したりという支援を行う。

(2) 要保護児童対策地域協議会の仕組み

要保護児童対策地域協議会は，都道府県，市町村，医療機関，学校・教育委員会，保育所，保健関係機関，民生・児童委員，弁護士会，警察，児童相談所，NPO，ボランティア，民間団体などで構成されている。

要保護児童対策地域協議会は地域の児童虐待防止のネットワークであり，発見した児童虐待や継続的に支援が必要な保護者や家族を地域の関係機関が支援しつづけるための仕組みである。

要保護児童対策地域協議会は，**代表者会議**，**実務者会議**，**個別ケース検討会議**という3層構造になっている。代表者会議は要保護児童対策地域協議会構成機関の代表者による会議で，実務者会議が円滑に行われるように，年1～2回開催される。実務者会議は虐待に実際に対応する人で構成され，虐待事例や取り組みに関する情報交換，児童虐待に関する啓発活動を行う。個別ケース検討会議は個々の事例に関して現状を把握し，取り組みの方針や支援計画を作成し，役割分担や介入方法に関して協議する。

図表3-20　要保護児童対策地域協議会の仕組み[64)]

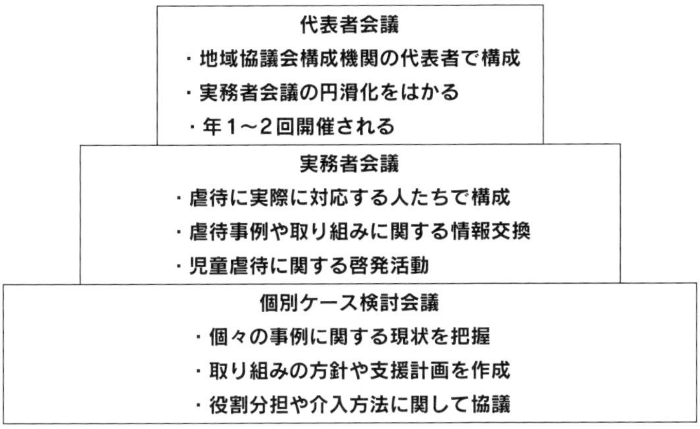

代表者会議
- 地域協議会構成機関の代表者で構成
- 実務者会議の円滑化をはかる
- 年1～2回開催される

実務者会議
- 虐待に実際に対応する人たちで構成
- 虐待事例や取り組みに関する情報交換
- 児童虐待に関する啓発活動

個別ケース検討会議
- 個々の事例に関する現状を把握
- 取り組みの方針や支援計画を作成
- 役割分担や介入方法に関して協議

64)　著者作成

2. 児童福祉の保護者負担

(1) 福祉サービスの費用負担

社会福祉基礎構造改革[65)]を経て，福祉の費用負担は**応能負担**から**応益負担**へと変化しつつある。応能負担とは，保護者の経済力で支払える額を計算して払う制度である。応益負担とは，一定額の費用負担があり，多くのサービスを使えばそれだけ費用が多く必要になる，という方法である。福祉が貧しい人のためだった時代とはちがい，すべての国民のために展開

65)　社会福祉基礎構造改革は2000（平成12）年に出されたわが国の社会福祉の基盤を変える大きな転換方針で，社会福祉事業，社会福祉法人，措置制度などの制度や福祉に関する考え方を変えた。改革の理念としてあげられていたのは「個人の尊厳を大切にし，自立生活を目標に支援する」ことである。

される現代に合わせた考え方といわれている。この影響を受けて，地域で利用する保育サービスも有料化している。また，ファミリー・サポート・センター事業のようなボランティア精神で活動する子育て支援活動も実費を受け取る有償化が進んでいる。

一方，障害者の分野では費用負担をすること自体が問題となっている。

応能負担：経済力により支払える額を計算して支払う額を決める仕組みである。受けるサービス量は同じでも，無償の人と有償の人がいる。

応益負担：福祉の利用者が一般化したためにこの仕組みを導入した。基本的に，誰でも一定割合の費用負担があるので，多くのサービスを使えばそれだけ費用が多く必要になる。収入が一定以下の場合は，支払額が減額される場合もある。

負担額があることで，必要以上の利用をすることがなくなる効果や，利用者も提供者も，サービス利用者としての意識をもつようになり，ケアの質が高くなることが期待されている。

保育所の保育料は，世帯の前年度の納税額により決まるが，子どもの年齢，子ども数や災害・疾病など状況に応じて減免制度がある。子ども数が多いと保育料は減額されるが，子どもの年齢が低いと，保育士数の関係[66]もあり高くなる。

66） 保育士の数は児童福祉施設の設備及び運営に関する基準における「従うべき基準」であり，0歳児3人につき1人以上，1歳，2歳児6人につき1人以上，3歳児20人につき1人以上，4歳以上児30人につき1人以上とされている。

(2) 子どもに関する手当

次代の社会を担う子どもの育ちを支援するために，子どもや子育て中の家庭に手当が支給されている。

児童手当法による手当

児童手当法により，支給する手当の名前や条件を時代の流れにそって変えながら，一般の子育て家庭に広く支給されている手当である。

児童扶養手当[67]

ひとり親世帯などに支給される。

特別児童扶養手当[68]

20歳未満の障害児を育てている者に支給される。

子ども手当以外については，所得その他の条件がある。

67） 児童扶養手当法（既出）による。

68） 特別児童扶養手当等の支給に関する法律（既出）による。

育児休業中

被保険者が1歳未満の子を養育するために育児休暇をとった場合，育児休業中の給与が雇用保険から支払われる（p.77参照）。ただし，制度利用には条件があるので，だれでも無条件で受けられるわけではない。

第4章 子ども家庭福祉の現状と課題

基礎編

1. 少子化と地域子育て支援
2. 母子保健と児童の健全育成
3. 多様な保育ニーズへの対応
4. 児童虐待，ドメスティック・バイオレンスの防止
5. 社会的養護
6. 障害のある子どもへの対応
7. 少年非行などへの対応
8. 貧困家庭・外国につながる子どもとその家族への支援

発展編

1. ひとり親家庭
2. 子どもと食育

基礎編

1. 少子化と地域子育て支援

(1) 少子化対策の流れ

近年のわが国の子ども家庭福祉施策は，少子化対策つまり，生まれる子どもの数を増やそうという目的に立って，エンゼルプラン，新エンゼルプラン，子ども・子育て応援プランなどを中心に展開されている。

それぞれの施策を確認しよう。

①エンゼルプラン

「今後の子育て支援のための施策の基本的方向について」はエンゼルプランと呼ばれている。エンゼルプランは出生率の低下に伴う少子化の急速な進行を食い止めようと，省庁の枠を超えて，文部，厚生，労働，建設（当時）の4大臣合意による1995（平成7）年度から1999（平成11）年度までの少子化対策として1994（平成6）年に策定された。エンゼルプランにより，わが国の少子化（子育て支援）対策が本格的に始まり，その後10年間程度をめどに取り組むべき社会保障，教育，雇用，住宅などの施策がとりまとめられた。

②緊急保育対策等5か年事業

エンゼルプランの保育・福祉関係の目標値は，緊急保育対策等5か年事業に示されている。

③少子化対策推進基本方針

「少子化への対応を考える有識者会議」の提言（平成10年12月）を受けて，政府の進める総合的な少子化対策の中長期的指針として，1999（平成11）年末に少子化対策推進基本方針が発表された。この方針では，子どもをもつ，もたないは個人の自由としながら，少子化対策により安心して子どもを産み育てられる社会づくりを目指している。

④新エンゼルプラン

新エンゼルプランは少子化対策推進基本方針にそって大蔵，文部，厚生，労働，建設，自治6大臣合意で示した2000（平成12）年度から2004

（平成16）年度までに重点的に推進すべき少子化対策の具体的実施計画である。

⑤待機児童ゼロ作戦

待機児童ゼロ作戦は，2001（平成13）年閣議決定された保育所，保育ママ，自治体単独施策，幼稚園預かり保育等を活用して，待機児童の減少を目指す取り組みである。待機児童ゼロ作戦では，待機児童の多い地域に重点的に保育所を整備する，50人以上の待機児童が存在する95市町村（待機児童全体の8割）は当年度中に保育計画（待機児童解消計画）を策定するなどとしている。また，幼稚園における預かり保育を充実させることなどを通じて，受け入れ児童数を増やし，働きたい保護者が子どもを預けて働ける環境整備をするように計画された[1)]。

1）　保育の受け入れ児童数は増えたが子どもを預けたい家庭がそれを上回って増えたために待機児童数は減らなかった。

⑥少子化対策プラスワン

少子化対策プラスワンは，新エンゼルプランの効果が上がらないためにそれをさらに推進するため，2002（平成14）年に立てられた施策である。その目的は，少子化対策推進基本方針のもとに少子化の流れを変えるため，少子化対策のさらなる推進，子育てと仕事の両立支援に加えて，働き方の見直しをはじめとする4つの対策を総合的かつ計画的に推進することである。

⑦健やか親子21〈母子保健分野の計画〉

健やか親子21は，妊娠・出産・育児について，国民が自ら健康をコントロールする能力を高められる環境づくり（ヘルスプロモーション）を目指した母子保健分野の国民運動計画である（p. 126で解説）。

⑧少子化対策基本法

少子化対策基本法は，国及び地方公共団体の責務，施策の基本事項その他を定め，長期的な視点に立って少子化施策の基本理念を明らかにした法律である。

⑨次世代育成支援対策推進法

次世代育成支援対策推進法では，国・地方公共団体・企業等が一体となって少子化に取り組む。2005（平成17）年から2015（平成27）年3月31日までの時限立法として施行されたが，2015年4月1日からさらに10年延長された。

⑩新待機児童ゼロ作戦

新待機児童ゼロ作戦は，2008（平成20）年から10年間で保育所定員100万人増，放課後児童クラブ145万人増とし，就労したいすべての母親が働けるようにする計画である。

これまでの少子化対策を追ってみると，少子化対策の考え方と枠組みを示した基本的方針が出され，その後に数値目標を示すという一連の流れがあることがわかる。

⑪子ども・子育て応援プラン

子ども・子育て応援プランは，少子化社会対策大綱に基づいた重点施策の具体的実施計画である[2)]。

2）子ども・子育て応援プランでは，子育て支援策を保育事業中心から，若者の自立，教育，働き方の見直しなどを含めた幅広いプランへと移行させている。

少子化社会対策大綱（2004年）で示された視点をもとに，2005（平成17）年度から2009（平成21）年度までの方向性として少子化社会対策大綱の4つの重点課題にそった28の行動について実施計画を立てている。

⑫子ども・子育てビジョン

子育てを家庭や親が担う社会から社会全体で子育てを担う社会への変化を目指した施策で，2010（平成22）年1月に閣議決定されたものである。

子ども・子育てビジョンの社会像と基本的な考え方

・子どもが主人公（チルドレン・ファースト）

・「少子化対策」から「子ども・子育て支援」へ

・生活と仕事と子育ての調和

・社会全体で子育てを支える

・「希望」がかなえられる

子ども・子育てビジョンの３つの大切な姿勢

・生命（いのち）と育ちを大切にする

　安心して妊娠・出産できるような支援，子ども手当，高校実質無償化

・困っている声に応える

　待機児童の解消，幼保一体化，ひとり親家庭や児童虐待への支援

・生活（くらし）を支える

　若い世代の就労支援，ワーク・ライフ・バランスのとれた暮らし

目指すべき社会への政策４本柱

1. 子どもの育ちを支え，若者が安心して成長できる社会へ
2. 妊娠，出産，子育ての希望が実現できる社会へ
3. 多様なネットワークで子育て力のある地域社会へ
4. 男性も女性も仕事と生活が調和する社会へ

⑬待機児童解消加速化プラン

待機児童の解消のため，2013（平成25）年，国は「緊急集中取組期間」（2年間）と，子ども・子育て支援新制度の実施に合わせた「取組加速期間」を設定し，さらなる対応を図っている。また，幼稚園における2歳児の受け入れを促進して待機児童を減らす方針も示された。

⑭少子化社会対策大綱

少子化社会の流れを変えるために2004（平成16）年に**少子化社会対策大綱**が策定され2010（平成22）年，2015（平成27）年と改められてきた。2020（令和２）年には4回目の少子化社会対策大綱が示された。

2020（令和2）年の少子化社会対策大綱では，「新しい令和の時代にふさわしい少子化対策へ」として「希望出生率1.8」の実現を目指し，以下の5つの考え方を示している。

・結婚・子育て世代が将来にわたる展望を描ける環境をつくる。
・多様化する子育て家庭の様々なニーズに応える。
・地域の実情に応じたきめ細かな取り組みを進める。
・結婚，妊娠・出産，子ども・子育てに温かい社会をつくる。
・科学技術の成果など新たなリソースを積極的に活用する。

なお，少子化社会対策大綱は，子供・若者育成支援推進大綱及び子供の貧困対策に関する大綱とともに「**こども大綱**」にまとめられた。

(2) 子ども・子育て支援新制度

子ども・子育て支援新制度は，2015（平成27）年4月に本格施行された，以下の子ども・子育て関連3法に基づく制度である。

・子ども・子育て支援法
・認定こども園法の一部改正
・子ども・子育て支援法及び認定こども園法の一部改正法の施行に伴う関係法律の整備等に関する法律

①子ども・子育て支援新制度の社会的背景

子ども・子育て支援新制度が実施された背景には，これまで行ってきた少子化施策が効果を示さず，少子化傾向が止まらないことがある。制度開始当時，子どもを預けて働きたいが保育の場の利用ができない家庭が多く，待機児童問題が深刻化している状況もあった。さらに，少子化の一因として，子育て不安や子育ての負担感増加が考えられている。安心して子どもを産み，育てることができる社会づくりが求められているといえる。

また，自治体により，子育ての状況は異なっていることも課題である。働き方や子育ての悩みの多様化に伴い，保護者の保育ニーズはさらに拡大している。この状況を受けて，地域の実情に応じた子育て支援の必要性が生じている。子ども・子育て支援新制度の主なポイントは以下のとおりである。

②子ども・子育て支援新制度のポイント

ポイント1：認定こども園，幼稚園，保育所を通じた給付，小規模保育等への給付

教育・保育給付として以下を創設した。

「施設型給付」（認定こども園，幼稚園，保育所を通じた給付）

「地域型保育給付」（小規模保育等への給付：都市部における待機児童解消，子ども数減少傾向地域における保育機能の確保）（p.95図表3-15参照）

ポイント2：認定こども園制度の改善

認定こども園は，幼保連携型認定こども園を中心に推進していく方針が出された。幼保連携型認定こども園で保育を行うのは保育教諭である。保育教諭は幼稚園教諭免許と保育士資格の両方をもっている保育者である。幼稚園教育は幼稚園教育要領にそって，保育所保育は保育所保育指針にそって実施されているが，幼保連携型認定こども園の保育は幼保連携型認定こども園教育・保育要領にそって行われる。

3）内閣府子ども・子育て本部「子ども・子育て支援新制度について」平成27年7月発表資料より作成。

図表4-1　子ども・子育て支援新制度による幼児教育と保育の場[3]

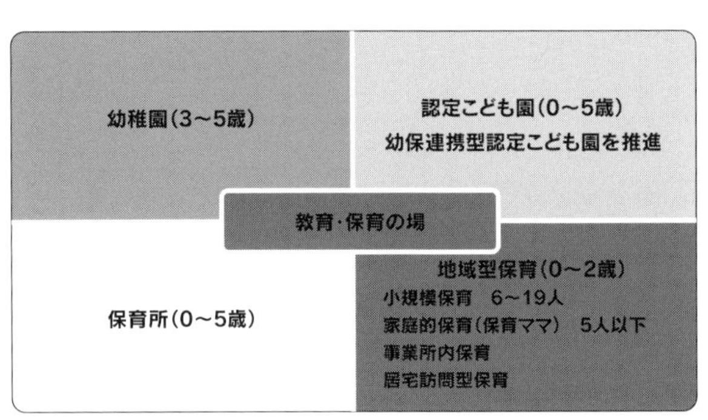

ポイント3：地域の実情に応じた子ども・子育て支援

子ども・子育て支援新制度では地域の実情に応じて，多様なサービスが展開される。保育の提供だけではなく，在宅の子育て家庭を含むすべての家庭及び子どもを対象とする事業も充実させていく。地域子育て支援事業，一時預かり，放課後児童クラブ，病児保育を充実させるとともに，適

切な保育サービスを利用できるように支援する利用者支援も行われる。

図表4-2　地域子育て支援の充実

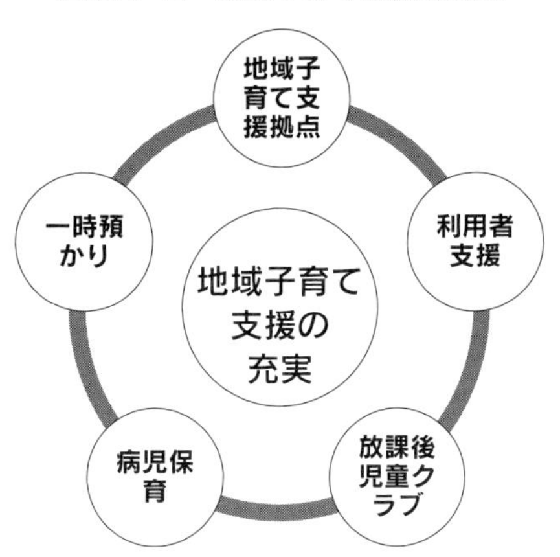

ポイント4：基礎自治体（市町村）が実施主体

子ども・子育て支援新制度では，地域の実情に応じた子育て支援の必要性に対応するために，市町村が実施主体となる。市町村は地域のニーズに基づき計画を策定し，給付・事業を実施する。国・都道府県の役割は，実施主体である市町村を重層的に支えることである。

ポイント5：社会全体による費用負担

子ども・子育て支援新制度による費用負担は，消費税率の引き上げによる財源である。少子化を改善し，子育てしやすい社会をつくるために，国民全体で費用を負担する。

ポイント6：政府の推進体制変更

制度ごとに文部科学省管轄，厚生労働省管轄などとされていた政府の推進体制を整備し，内閣府に子ども・子育て本部を設置する。

ポイント7：子ども・子育て会議の設置

国に子ども・子育て会議を設置して，有識者，地方公共団体，事業主代表・労働者代表，子育て当事者，子育て支援当事者などが，政策に参画・関与する仕組みをつくる。市町村などでも，合議制機関として地方版子ども・子育て会議を設置することが努力義務となった。これにより，地方では，国の子ども・子育て会議の方向性にそって，地方の実情に合わせた子ども・子育て支援の施策をつくり，実施していくようになった。

なお，2023（令和5）年4月より，子ども・子育て本部の事業はこども家庭庁（p.79参照）に移管され，同庁に**こども家庭審議会**が置かれている。

また，子ども・子育て支援新制度では「保育の必要性」の認定が行われる（p.132参照）。保育は，「保育に欠ける子ども」への提供ではなく，保育を必要とする子どもに保育を提供するという考えがもとになる。その公平性を確保するために，保育の必要性を認定し，支給認定を受けた子どもの保育を確保することになる。

(3) 地域の子育て支援

①地域子育て支援拠点事業

2008（平成20）年の児童福祉法改正により，**地域子育て支援拠点事業**が法定化された。子育ての課題が増加するなかで，家庭や地域の子育て機能や子育て中の親のエンパワーメントのために，交流や相談の場として地域子育て支援拠点事業が行われている。

地域子育て支援拠点事業には**一般型**，**連携型**がある[4)]。

4) 当初のひろば型・センター型が一般型に，児童館型が連携型に移行した。

地域子育て支援拠点事業の基本機能は以下のとおりである。

・子育て親子の交流の場の提供と交流の促進
・子育て等に関する相談・援助の実施
・地域の子育て関連情報の提供
・子育て及び子育て支援に関する講習等の実施

さらに今後は以下のことが期待されている。

・地域の子育て支援活動の展開を図るための取り組み（一時預かりなど）
・地域に出向き，出張ひろばを開設
・高齢者等の多様な世代との交流
・伝統文化や習慣・行事の実施

ここは子育て支援センターの「ひろば」である。毎日9時から5時まで開いており，乳幼児を連れた母親や父親，祖父母，ときにはファミリー・サポート・センターの提供会員が預かっている子どもを連れて訪れる。入口で名札をつけると，あとは置いてある遊具で何時間でも自由に遊べる。ひとりで来た利用者がさびしそうなときは，職員が話しかけたりしている。常連の利用者が新規利用者に話しかけ，歓談していることもある。とくに悩みがある場合は相談室があるので，予約なしで不安の解消ができる。壁には地域のイベント情報が貼ってあり，保育雑誌や子育て情報のチラシも置いてある。海外からの移住者が多いこの地域では，情報誌はボランティアにより4か国語に訳されている。

図表4−3　地域子育て支援拠点事業の概要[5)]

	一般型	連携型
機能	常設の地域の子育て拠点を設け，地域の子育て支援機能の充実を図る取組を実施	児童館等の児童福祉施設等多様な子育て支援に関する施設に親子が集う場を設け，子育て支援のための取組を実施
実施主体	市町村（特別区を含む） （社会福祉法人，NPO 法人，民間事業者等への委託等も可）	
実施形態	子育て親子が集い，うち解けた雰囲気の中で語り合い，相互に交流を図る常設の場を設けて実施	児童館等の児童福祉施設等で従事する子育て中の当事者や経験者を，スタッフに交えて実施
従事者	子育て支援に関して意欲があり，子育てに関する知識・経験を有する者（2名以上）	子育て支援に関して意欲があり，子育てに関する知識・経験を有する者（1名以上）に児童福祉施設等の職員が協力して実施
実施場所	公共施設空きスペース，商店街空き店舗，民家，マンション・アパートの一室，保育所，幼稚園，認定こども園等を活用	児童館等の児童福祉施設等
開設日数等	週3〜4日，週5日，週6〜7日 一日5時間以上	週3〜4日，週5〜7日 一日3時間以上

5）こども家庭庁「地域子育て支援拠点事業の概要」より抜粋。https://www.mhlw.go.jp/file/06-Seisakujouhou-11900000-Koyoukintoujidoukateikyoku/kyoten_gaiyou_H29.pdf

＊ Column ＊

「みどりのへや」における支援者の活動

「みどりのへや」は児童館の1室で展開されている。利用者はゆったりとした時間をここで過ごすことができる。開催は週1回であるが，活動と活動の間に来館した利用者は，児童館で過ごすことができる。支援者は近隣に居住しているので，街で利用者と出会うこともあり，日常的な関係のなかでもかかわることができる。支援者はボランティアであるが，専門職なので，地域の専門機関にも信頼されており，連携もとりやすい。利用者は地域の他機関も活用しながら自分らしい子育ての方法を選ぶことができている。

子育て中の親子がゆっくり過ごせる場を地域にたくさんつくろうというのが，地域子育て支援拠点事業であるが，支援者がそこでどのように親子にかかわるのかが課題である。

そのヒントとなるのが「みどりのへや」である。みどりのへやの支援者は活動方法を深く考えながら実践している。その内容は，みどりの家（後述 p.172）をもとに，わが国の風土に合わせてアレンジしたものである。

活動しているのは専門職（臨床心理士，保育士，幼稚園教諭など）で，参加している親子と時間をともにしながら，さりげないかかわりのなかで子育ての不安や戸惑いに寄りそうとともに，参加している親子の関係づくりを心がけ，ほかの社会資源との架け橋にもなっている。

初めて支援者として「みどりのへや」で活動を開始するときには，かならず一定の研修を受講し，活動に際しては，親子関係を視点に丁寧なカンファレンスをしている。

たくさんの地域子育て支援拠点事業が子育てひろばとして設置される状況にある。地域の場といえども，このように支援の方針や支援者の対応（活動）方法，その質や内容をさらに深めていく必要があろう。

②児童家庭支援センターと家庭児童相談室

子育てに行き詰まったり，虐待傾向があったりする家族が相談できる場を地域に増やすことで，子どもを安心して育てることができる。**児童家庭支援センター**や**家庭児童相談室**は，児童虐待や子どもをめぐる家庭の問題発生を地域で早期に発見し，支援している。専門家がいる地域の施設などに子育てに関する相談窓口が置かれることにより，家庭内の課題の早期発見や対応ができる[6)]。家庭児童相談室は福祉事務所[7)]などに置かれている。

6) 児童福祉施設には，子どもの問題に対応する専門的な知識・技術をもった職員がいる。児童家庭支援センターは地域で発生する子どもや家族の問題に関して，施設がもっている知識や経験を生かして対応する。また，児童相談所，児童福祉施設等との連絡調整も行う。

7) 福祉事務所は，福祉六法に定める社会福祉事務を行う福祉行政機関で，社会福祉法に位置づけられている。都道府県・市町村・特別区に設置されている。

③こども家庭センター

2022（令和4）年の児童福祉法改正に伴い，市区町村は，子ども家庭総合支援拠点（児童福祉分野）と子育て世代包括支援センター（母子保健分野）を見直して，すべての妊産婦・子育て世帯・子どもの包括的な相談支援などを行う**こども家庭センター**を設置するほか，身近な子育て支援の場（保育所など）における相談機関の整備に努めることとなった。こども家庭センターは主に以下の機能を担う。

・子ども及び妊産婦の福祉や母子保健の相談
・家庭や地域の状況把握・情報提供，必要な調査・指導
・支援を要する子ども・妊産婦等へのサポートプランの作成，連絡調整
・保健指導，健康診査
・関係機関等との総合調整
・地域資源の開拓

(4) 子育て安心プラン・新子育て安心プラン

都市部の待機児童問題[8)]は，待機児童ゼロ作戦でも解消には至らず，政府は子育て安心プランを策定した。この政策では，男女共同参画社会，一億総活躍社会の実現に向けて方針を示している。

2021（令和3）年には新子育て安心プランが策定されている。

8) 待機児童数は，保育を必要としているが認可保育所や認定こども園，地域型保育事業，特例保育，地方単独事業を利用できていない者のうち，特定の園を希望していたり，就職活動を休止していたり，育児休業中であったりする者を除いた数である。

①子育て安心プラン

国は，待機児童解消のため，22万人分の予算を2018年度から2019年度

末までの2年間で確保し，遅くとも2020年度末までの3年間で全国の待機児童を0にするという計画を打ち出した。2018年度から2022年度末までの間に女性の就業率を80％にし，その家庭の子どもを保育するための受け皿として32万人分の保育を用意するとした。

②新子育て安心プラン

新子育て安心プランは，2021（令和3）年度から2024（令和6）年度末までの4年間で約14万人分の保育の受け皿を整備するというものである。新子育て安心プランにおける支援のポイントは，以下のとおりである。

地域の特性に応じた支援

子育て安心プランにおける保育の受け皿整備を引き続き推進する。

魅力向上を通じた保育士の確保

保育士が生涯働ける魅力ある職場づくりを推進するとともに，職業の魅力を広く発信する。

地域のあらゆる子育て資源の活用

利用者のニーズにきめ細かく対応するため，幼稚園・ベビーシッターなど，地域のあらゆる子育て資源を活用する。

図表4-4　少子化対策の流れ（時系列）[9)]

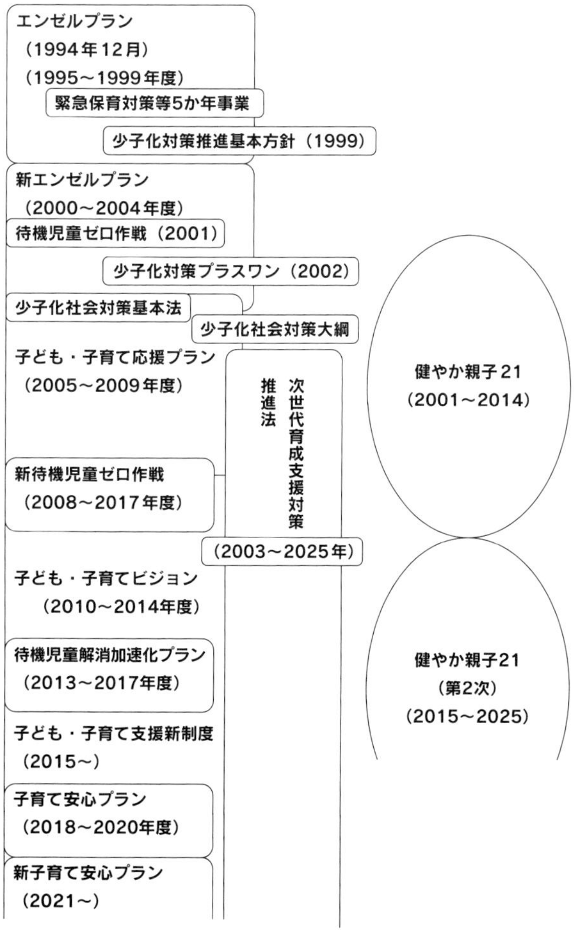

エンゼルプラン
（1994年12月）
（1995～1999年度）
緊急保育対策等5か年事業
少子化対策推進基本方針（1999）
新エンゼルプラン
（2000～2004年度）
待機児童ゼロ作戦（2001）
少子化対策プラスワン（2002）
少子化社会対策基本法
少子化社会対策大綱
子ども・子育て応援プラン
（2005～2009年度）
次世代育成支援対策推進法
（2003～2025年）
新待機児童ゼロ作戦
（2008～2017年度）
子ども・子育てビジョン
（2010～2014年度）
待機児童解消加速化プラン
（2013～2017年度）
子ども・子育て支援新制度
（2015～）
子育て安心プラン
（2018～2020年度）
新子育て安心プラン
（2021～）
健やか親子21
（2001～2014）
健やか親子21
（第2次）
（2015～2025）

9）　著者作成

10） p. 80側注21）を参照。

11） p. 81側注24）を参照。

2. 母子保健と児童の健全育成

(1) 母子保健

①保健所，保健センターの活動

保健所は，広域的・専門的な保健の拠点であり，都道府県，政令指定都市[10]，中核市[11] その他の政令で定める市または特別区に設置されている。住民に身近な健康づくりの場として**市町村保健センター**がある。市町村保健センターは，**健康相談**，**保健指導**，**健康診査**など住民に対して行う業務をしている。保健所や保健センターは子どもの健康を守る機関である。保健所，保健センターは行政組織であり，地域保健法によって設置運営されている。保健センターは，母親同士の交流や情報提供のために子育てひろばを開いたり，離乳食教室や子育て教室を開いたり，出張講習などもしている。絵本を配布して親子のかかわりを促進するブック・スタートや家庭内の子どもの事故予防活動をしている保健センターもある。

両親学級

両親学級はこれから親になる夫婦が，生まれてくる子どもを待つ間に勉強したり，心の準備をしたりする場である。近所に住んでいる同じ時期に子どもをもつ夫婦と知り合いながら，妊娠・出産の知識を得たり，沐浴など新生児の世話の仕方を習ったりする。最近は父親の積極的な子育てを進めるために実施している。

Jさんは夫といっしょに保健センターの両親学級に通っている。両親学級では，妊娠・出産の知識，夫の育児への協力などの講義が受けられる。夫は，はじめは参加を嫌がったが，会場でほかの男性が生まれる子どもを心待ちにしている気持ちを率直に話すのを聞き，だんだん照れがなくなってきた。今では，夫も両親学級への参加を楽しみにしている。

ブック・スタート

親子のふれあいを深め，美しいものやお話に感動する子どもの心を育てるために，本のプレゼントをするブック・スタートという活動に取り組んでいる保健センターもある。健診のときに，かわいい袋に絵本を入れて手渡したりしている。

Ｊさんは1歳の子どもの母親である。1歳半健診に行ったとき，かわいい手提げ袋に入った絵本を保健センターでプレゼントされた。家に帰ってその絵本を子どもと一緒に見ながら，「これから，どんな絵本をこの子に読んであげようかな」と考えると，Ｊさんは子育てが楽しくなった。

子育てひろば

家に赤ちゃんと二人きりで過ごしていると，子育てに悩んだり，孤立感を深めたりすることがある。それを予防するために，親子同士の交流や情報提供，必要に応じて相談事業などを行う子育てひろばを開いている保健センターもある。

Ｊさんは毎日子育て支援センターの「子育てひろば」に通っている。Ｊさんは朝10時に間に合うように出かける。それは，10時に「ぴよぴよ体操」があり，それを子どもが楽しみにしているからである。Ｊさんもわが子が楽しそうに飛びはねているのを見ると，気持ちが明るくなる。体操が終わると自由遊びである。ここで知り合いになった親子が来ると親同士で話をしながら昼まで過ごす。子どもが眠くなる前に昼食を食べさせようと，12時前には子育て支援センターを出ることが多いが，最近子どもが大きくなってきて，昼寝の時間が遅くなったので，お弁当をもってきて子育て支援センターで食べることもある。

②母子保健と保健所・保健センター

母子保健法は，これから子どもを産む母親と子どもを産んだ母親（妊産婦），生まれてきた子どもや乳幼児の健康を守るための法律である。

母子保健法　第1条

この法律は，母性並びに乳児及び幼児の健康の保持及び増進を図るため，母子保健に関する原理を明らかにするとともに，母性並びに乳児及び幼児に対する保健指導，健康診査，医療その他の措置を講じ，もつて国民保健の向上に寄与することを目的とする。

母子の健康を守るために保健所や保健センターは主に以下のことを行う（抜粋）。

・母子保健に関する知識の普及や保健指導
・満1歳6か月を超え満2歳に達しない幼児（1歳6か月児健康診査）と満3歳を超え満4歳に達しない幼児の健康診査（3歳児健康診査）

・指導を必要としている妊産婦や新生児，低出生体重児への訪問等，周産期医療関連の活動

乳児家庭全戸訪問事業[12]は，生後4か月までの子どもがいる全家庭を保健師などが訪問するという取り組みである。このような事業はもともと各地で行われていたが，2008（平成20）年の児童福祉法改正により児童福祉法に位置づけられた。また，乳児家庭全戸訪問事業とともに，ハイリスク家庭への**養育支援訪問事業**が法定化され，行われている（p. 168で解説）。

12）地域では「こんにちは赤ちゃん事業」などと呼ばれている。

母子健康手帳は母子保健法による取り組みである。この手帳は，母親の出産までの健康状況や出産時の記録，生まれた子どもの予防接種や成長状況等を記入するようになっている。日本語がわからない外国人の子育てを支援するために，外国語に訳された母子健康手帳も配布されている。

Gさんは2歳児の母親で，日本人の夫と結婚して日本で暮らすようになった。子どもには友だちが必要だとは思うが日本語が十分話せないので，出かけるのがおっくうになっている。ある日思い切って子育て支援センターの「子育てひろば」に出かけてみた。おずおずと入口を入ると，受付の保育士が笑顔で迎えた。受付にはGさんの国の言葉のパンフレットも置いてある。Gさんはほっとした。そして，母子健康手帳がGさんの国の言葉に訳されていたのも，施策として行われているのだと知り，安心した。

---

③健やか親子21（第1次・第2次）

「健やか親子21」は2001（平成13）年から2010（平成22）年までの母子保健分野の国民運動計画であったが，その後，次世代育成支援対策推進法に基づく「行動計画」の計画期間に合わせ一体的に推進するために，2014（平成26）年まで期間が延長された。ヘルスプロモーション[13]能力を高める環境づくりを目指している。

13）ヘルスプロモーションとは，自らが自分の健康をコントロールすることである。

「健やか親子21」は，子どもの成長のために集中的に取り組むべき4つの主要課題を示している[14]。

14）健やか親子21は母子保健分野の子育て支援対策であり，保健師は「健やか親子21」にそって子育て支援をしている。

・思春期の保健対策の強化と健康教育の推進
・妊娠・出産に関する安全性と快適さの確保と不妊への支援
・小児保健医療水準を維持・向上させるための環境整備
・子どもの心の安らかな発達の促進と育児不安の軽減

保健センターは，思春期の性教育，母親学級等の妊産婦支援，乳幼児健診や育児相談等の心とからだの健康づくり，児童虐待対策やその防止活動等の拠点となっている。

さらに，「健やか親子21（第2次）」が2015（平成27）年に開設された。

「健やか親子21（第2次）」では，「健やか親子21」で達成できなかった思春期保健対策などや，引き続き維持していく必要がある母子保健水準などに取り組む。また，21世紀の新たな課題としての児童虐待防止対策，禁煙や禁酒への対策など，指標から外すことで悪化する可能性があるものについても取り組んでいく。主要課題は次のとおりである。

・基礎課題A　切れ目ない妊産婦・乳幼児への保健対策
・基礎課題B　学童期・思春期から成人期に向けた保健対策
・基礎課題C　子どもの健やかな成長を見守り育む地域づくり
・重点課題①　育てにくさを感じる親に寄り添う支援
・重点課題②　妊娠期からの児童虐待防止

(2) 健全育成

①子どもの遊び

子どもは遊びのなかで社会性を身につけたり，自分の力を試したり，失敗を乗り越える経験をしたりする。あなたは，子どものころには誰とどこで遊ぶことが多かっただろうか。子どもたちの遊びについて調べてみよう。

図表4-5をみると，小学生の遊ぶ友だちは，同じクラスの子など学校関係が多く，中学生になるとクラブ・部活の友だちが増え，高校生では前の学校の友だちと遊ぶものも多いことがわかる。子どもは小さいうちは与えられた環境のなかで友だちをみつけ，大きくなると自分で友だちや参加する場を選ぶようになるということがわかる。

図表4-6をみると小学生では，友だちの家が最も多く，次が自宅であり，次が公園となっている。

中学生になると友だちの家，自宅，公園に続き，商店街やデパート，ゲームセンターの割合も増えているのがわかる。高校生は，小中学生に比べて店舗や繁華街，飲食店で過ごすときが増える。子どもの行動範囲が年齢とともに広がり，遊ぶ場所も社会のなかに広がっていくことがわかる。

子どもの遊ぶ環境，放課後にかかわる相手や居場所は，子どもの育ちにどのような意味があるのだろうか。

図表4−5　普段，一緒によく遊ぶ友達の種類[15]

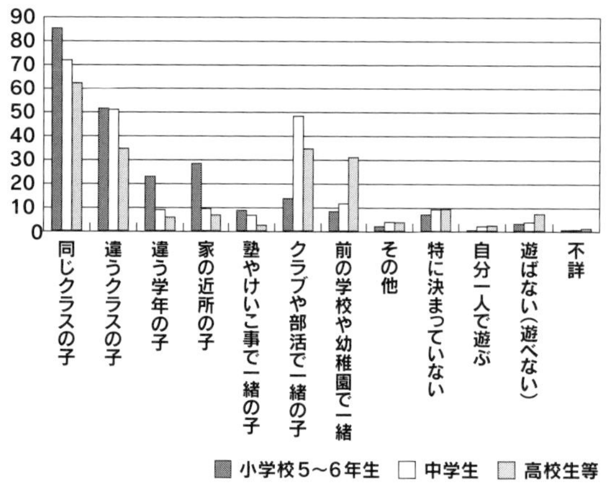

図表4−6　普段の遊び場

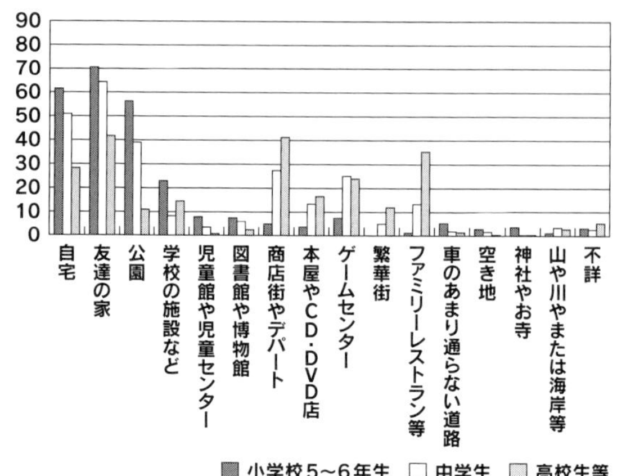

子どもの発達は，本質的に社会的なものである

子どもは社会のなかで，同世代にかぎらず，多世代の多様な価値観をもつ人との関係のなかで成長する。ガルバリノは「子どもも近隣社会の一員であり，両親が干渉しない自由さがあるので近隣社会で子どもは社会化されることが多いといえる。家族の近所に住む人々による支えや励ましや反応などにより，子どもの発達は影響を受ける」と述べている[16)]。子どもは社会，とくに保護者ではない人たちとのかかわりを通じて育っていくことができるわけであるが，そのような環境の大切さを保育士も理解する必要がある。

地域での多様な経験が子どもを育てる

大人によって計画された理想的な環境のみが子どもの発達をうながすわけではない。計画されたのではない地域での遊びを通じて，偶然の出会いから生まれる思いがけない出来事を自分の力で克服することを通じて，子どもの社会性や課題解決能力，ストレス耐性を少しずつ育てることができる。子どものためを思って，環境をつくりすぎることも問題であるといえよう。

友だちの家で遊ぶ経験が子どもの生活力を高める

友だちの家で自分の家族とはちがう生活の様子を垣間見ることは，子どもの視野や家族観を広げる。たとえば「友だちの家ではお父さんも家事をしていた」「友だちの家ではおばあちゃんがいばっていた」など，小さな出来事が，家庭の多様なあり方を子どもに教える。また，よその家で悪ふざけをして叱られたり，自分の家ではしてもかまわないことがいけなかったりと，ちがう考え方に出会うこともある。たとえば，「友だちの家で，

15）図表4−5，4−6は，厚生労働省「平成26年度全国家庭児童調査結果の概要」より作図。この調査対象の「子ども」は小学5年から18歳未満。

16）Garbarino, J. *Children and families in the social environment*, Aldine de Gruyter, 1992, p.217

大声で話していたら，おじいちゃんに叱られた」「友だちの家で，お菓子を食べながら遊んでいたら食べ終わってから遊ぶように言われた」などである。それらの経験は子どもの思考や想像力の幅を広げ，生活力を高める。

しかし，現在の子どもは，放課後児童クラブや放課後子供教室といった用意された空間で，限られた人間と意図的な計画のもと，大人の管理下で過ごすことが多くなっている。

②子どもの健全育成を支える児童館

児童館は児童福祉法に規定された**児童厚生施設**である。

児童福祉法　第40条

児童厚生施設は，児童遊園，児童館等児童に健全な遊びを与えて，その健康を増進し，又は情操をゆたかにすることを目的とする施設とする。

児童館について知ろう

Q　児童館の職員は？

A　児童福祉施設職員養成校の卒業者，保育士，社会福祉士，高校卒業で2年以上児童福祉の仕事をした者，幼・小・中・高のいずれかの教諭資格をもつ者，大学で社会福祉・心理・教育・社会・芸術・体育の学科を卒業した者で，その施設の設置者（都道府県知事，もしくは市町村長）が認めた者とされています[17]。また，児童館で働く資格として，児童健全育成推進財団が認定する児童厚生員の資格があります。

Q　児童館は，どのくらいあるの？

A　全国に約4,300館あります。

Q　児童館の種類は？

A　広さや設備により，「小型児童館」「児童センター」「大型児童館」などに分類されます。

地域の子どもたちは，誰でも自由に児童館に遊びにいくことができる。

児童館は，子どもの健全育成を援助していく拠点施設である[18]。健全育成とは，「すべての子どもの生活の保全と情緒の安定を図って，一人ひとりの個性と発達段階に応じて，全人格的に健やかに育てる」ことである[19]。児童館はこのような求められる機能にそって，放課後児童健全育成事業（学童保育）や中高生と赤ちゃんの交流事業，地域の公園の安全調査，研修会，子育てひろばや乳幼児プログラムの実施など幅広い事業を行っている。

17）児童福祉施設の設備及び運営に関する基準第38条

18）児童館の機能
基本機能
・遊びを通じた子どもの育成
・子育て家庭の支援
・地域の環境づくり
付加的，拡張的機能
・地域における子どもの安全確保
・中高生への対応
・障害児への対応
・虐待・ひきこもり・DVへの対応，がある。

19）健全育成の概念
1. 身体の健康増進
体力，抵抗力，健やかな身体をつくる。
2. 心の健康増進
安定した精神状態を保ち，人格的な発達をはかる。
3. 知的な適応能力
能力や個性に応じて知識と技術を獲得し，生活上で必要な能力を高める。
4. 社会的適応能力
発達段階に応じた所属集団において，協調性・人間関係能力を高める。
5. 情操を豊かに
美しいもの，尊いものに感動する素直な心を育てる。
以上，児童健全育成推進財団ウェブサイトより。
https://www.jidoukan.or.jp/what/

3. 多様な保育ニーズへの対応

(1) 地域における保育制度

子ども・子育て支援新制度では，地域の実情に応じた保育サービスが充実していく。

①家庭的保育事業

家庭的保育事業は保育者の家庭で少人数の子どもを保育する制度である。

家庭的保育事業は，保育士などの資格をもった住民やそれに相当すると認められたもので研修を受けた住民が自分の家で仕事として，保育ができない親に代わって子どもを保育するというシステムである。

自治体で行われてきた「保育ママ」「家庭福祉員」「家庭保育員」などと呼ばれる制度が，2008（平成20）年の児童福祉法改正により，家庭的保育事業として児童福祉法に位置づけられた[20)]。

20） 家庭福祉員制度により，保育者の居宅で少人数の低年齢児の保育を行う事業が，2000（平成12）年度に創設された。2005（平成17）年度からは，保育所や児童入所施設と連携をはかりながら実施している。2006（平成18）年度からは保育所が保育ママを雇って実施する「保育所実施型家庭的保育事業」や病気が治りかけで集団保育は難しい子どものための「病後児保育モデル事業」の制度も始まっている。

＊ Column ＊

家庭的保育事業のガイドラインの主な内容

◇家庭的保育者は，保育士または保育士と同等の知識をもつと市町村が認める者が研修を受ける。

◇実施場所は専用の部屋があり，保育室が9.9m^{2}以上あること（子どもが3人を超える場合はひとり超えるごとに3.3m^{2}増える。

◇保育者数がひとりの場合は3人以下，補助者とともにふたり以上で行う場合でも5人以下。

◇保育内容は保育所保育指針にそって行う。

◇市町村が巡回指導や代替保育を行う。

◇研修は，認定研修，基礎研修，フォローアップ研修，現任研修，指導者育成研修などを用意する。

◇保育日や保育時間は，月曜日～土曜日，午前8時～午後5時ごろ（8時間）である。

◇国は，家庭的保育事業の実施にあたって守るべき事項を規定する「家庭的保育事業ガイドライン」を策定した。

②放課後児童クラブ（放課後児童健全育成事業）

放課後児童クラブは，両親が働いているなどの理由で，下校後保護者が家にいない小学生のための事業である。児童館などの安全な場で支援者とともに夕方5時ごろまで生活することができる[21)]。

21） 児童福祉法第6条の3②には，「小学校に就学している児童であつて，その保護者が労働等により昼間家庭にいないものに，授業の終了後に児童厚生施設等の施設を利用して適切な遊び及び生活の場を与えて，その健全な育成を図る事業」と定められている。

③病児・病後児保育

病児あるいは病後児[22]を一時的に預かり，子どもの健康管理と看護を行う事業である。子どもの病気の完治までに日数がかかる場合，保護者が仕事を休んで看病できればよいがそうとはかぎらない。そこで，病院や診療所，保育所その他の施設で子どもの健康管理と看護を行う場をつくっている。

22）病児とは，まだ回復には至らないが病状が急変するおそれがない子どもであり，病後児とは，病気は治りかけているが完治していないので集団保育が困難な子どもである。

④延長保育

延長保育とは，保育所の開所時間を超えて，子どもを預かる事業である。保育所の開所時間だけでは保護者の労働状況の実態に合わず，送迎が間に合わない。そこで，早朝や夕方にも時間を延長して保育する必要が生じている。このニーズに応える事業が延長保育である。

⑤夜間保育所

夜間保育所は，午後6時を超えて子どもを預かる認可保育所である。夜間保育所は，基本の保育時間の開始を遅く設定しており，終了時間も夜遅い（おおむね午前11時頃から午後10時頃まで）。夜間保育所では，昼食と夕食を提供し，保護者は夜遅く子どもを迎えにくる。しかし，朝から子どもを預けたいニーズもあるため，これに対応して，朝の保育も実施しているところもある。

(2)「保育の必要性」に応じたサービス提供

家庭が保育サービスを利用する理由は様々であり，必要とする保育時間数も家庭により異なる。子ども・子育て支援新制度の幼保一体化のなかで，保育サービスは，同じ施設内でも家庭の多様なニーズにそって提供されるようになった。

①「保育の必要性」の認定

子ども・子育て支援法では，市町村が保護者の申請を受けて「保育の必要性」を認定する。「保育の必要性」は以下の理由で認められる。

- 就労（フルタイム，パート，夜間，自営，内職などすべてに対応。下限時間の設定あり）
- 妊娠，出産
- 保護者の疾病，障害
- 同居親族の介護，看護
- 求職活動
- 就学（職業訓練）

・虐待やDVのおそれ
・育児休業に入る時点ですでに保育を利用している子どもの継続保育
・災害の復旧
・その他市町村が認める理由

子ども・子育て支援法施行までは，昼間の常勤が基本であったが，多様な就労形態や職業訓練も保育の必要性があると認められることになった。

また，同居の親族などが保育できる場合，優先度を勘案して調整がされることとなる。

②認定区分

子ども・子育て支援法では，市町村が保護者の申請を受けて保育の必要性を認定したうえで，保育時間を決めていく。

保護者の申請を受けて，「保育の必要性」が認定され，利用区分が決まる（図表4-7）。

「保育の必要性」の認定条件に合致しない家庭の子どもは1号認定で，教育標準時間として従来の幼稚園利用と同じ枠組みとなる。保育の必要性がある場合は保育認定となり，3歳以上児は2号認定，3歳未満児は3号認定となる。

23）内閣府子ども・子育て本部「子ども・子育て支援新制度について」平成27年7月発表資料より作成。

図表4-7　「保育の必要性」の認定区分[23)]

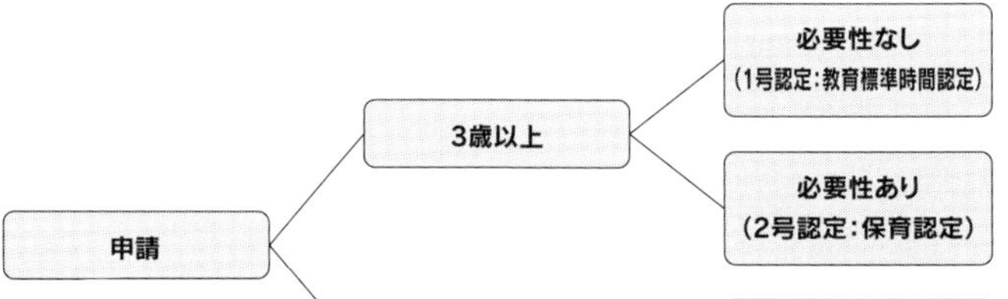

保育認定のなかにも2つの区分があり，保育の必要性や申請書類から判断される。

・保育標準時間認定：保育の必要量が1日あたり8時間を超えると考えられる場合は，保育標準時間認定となり，11時間までの利用ができる。
・保育短時間認定：保育の必要量が1日あたり8時間以下だと考えられる場合は，保育短時間認定となり，8時間までの利用ができる。

それぞれの保育必要量の認定時間を超えて保育を利用する場合は，延長保育を利用することになる。

③保育優先利用

保育サービス利用者の家庭は多様であるため，以下の家庭は優先的に利用できる。

・ひとり親家庭
・生活保護世帯
・生計中心者が失業しており，就労のニーズが高い場合
・社会的養護が必要な場合（虐待やDV）
・子どもに障害がある場合
・小規模保育所（0～2歳対応）の卒園児

(3) 認可外保育施設と多様な保育サービス

未来を担う子どもを保育する施設は認可保育所だけではない。認可保育所以外にも保育をしている施設がある。保育所は子どもの育ちのためにあるが，保育施設全体は子どもからのニーズではなく保護者の要望に従って変化する傾向にある。保育のあり方も保護者の要望に従って多様になっている。認可保育所以外の保育施設には，以下のようなものがある。

認可外保育所

職員数や開所時間，建物の構造や広さ・設備が規定を満たさない保育施設の総称である。

ベビーホテル

営利目的で立ち上げられ，待機児童を預かったり，既存の保育施設では充足できない保育を請け負ったりしている。

共同保育所

子どもの保護者や住民が保育所を立ち上げ，自分たちの方針でしている施設。

駅型保育施設

電車通勤の保護者が，通勤途中に送迎しやすいように駅隣接のビルなどで子どもを保育する。

認証（認定）保育園

児童福祉施設の設備及び運営に関する基準は満たしていない無認可保育所のうち一定の基準を満たした施設として地方自治体が認めている地方自治体独自の保育制度である。

このような保育所の認定は待機児童対策としての意義が大きかったが，現在は地域のニーズに応える形で展開されている。例として，東京都の認証保育所や川崎市の認定保育園，横浜市の横浜保育室などがある。

企業主導型保育事業

企業と保育所などを運営している事業者が契約・委託をしてその企業の従業員の子どもを保育する。

季節保育所

農繁期や地域の産業が忙しい時期だけ保護者が安心して働けるように普段保育所に預けていない子どもを一定の条件で保育する。

へき地保育所

過疎地など児童福祉法第39条に規定する保育所を設置することが著しく困難なへき地において，市町村が設置する保育所である。

24時間保育所

保護者の労働形態に合わせて24時間休まずに運営する保育所も各地にできている。

4. 児童虐待，ドメスティック・バイオレンスの防止

(1) 児童虐待の実態

現代の子ども家庭福祉の大きな課題として児童虐待がある。児童虐待の実態について確認してみよう。

①児童虐待の推移

図表4-8は児童相談所が対応している児童虐待に関する相談件数の推移である[24]。児童虐待への対応が年々増加していることがわかる。

24) 図表4-8，4-9は，厚生労働省「令和3年度福祉行政報告例の概況」，2023より。

図表4-8　児童虐待の相談種別対応件数

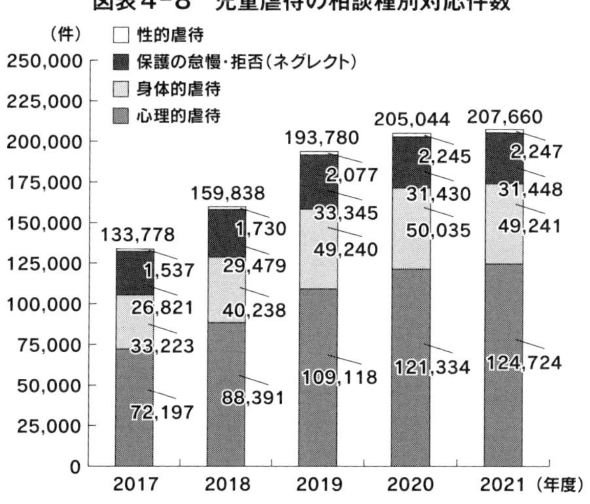

②児童虐待の傾向

児童虐待は，性的虐待，心理的虐待（言葉による暴力など），身体的虐待，ネグレクト（養育拒否）の4つに分けられる（既出）。そのなかで，心理的虐待が最も多く，次が身体的虐待である（図表4-8）。

③虐待者

虐待者には実母が多い。続いて実父，実父以外の父親となっている（図表4-9）。

④児童虐待の死亡

虐待により死亡した子どもの数（心中を含む）は，2021（令和3）年4月～2022（令和4）年3月まででは，74人中0歳が26人，1歳が9人，2歳が5人，3歳が8人，4歳が5人，5歳が2人と学齢前の子どもが犠牲になっ

図表４-９　児童虐待相談の主な虐待者別構成割合

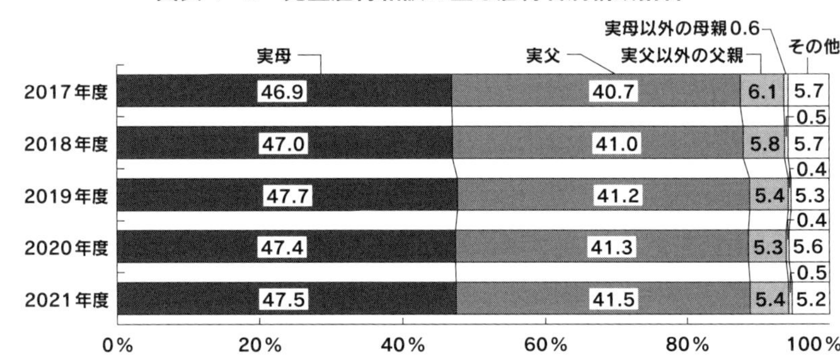

ている（6歳以上が15人，不明が4人）[25]。児童相談所を含む関係機関の関与があった事例は，心中以外の虐待死で50例中16例（32.0%），心中による虐待死で24例中4例（16.7%）である。0日・0か月児死亡事例6件の加害者は，実母が5件，不明が1件である。0日・0か月児事例における実母の年齢をみると，19歳以下が1人，20～24歳が2人，25～29歳が2人，30～34歳が1人となっている。

25)　こども家庭庁こども家庭審議会児童虐待防止対策部会児童虐待等要保護事例の検証に関する専門委員会「子ども虐待による死亡事例等の検証結果等について 第19次報告」，2023

⑤児童虐待の対応

電話などで児童虐待の通告[26]を受けると，児童相談所では，通告受付票の項目に従って子どもや保護者の状況，虐待の様子や通告者について（わかれば）記入をする。それを受けて，緊急受理会議を開き，取り組みが開始される。48時間ルールにより，2名以上の児童相談所職員が子どもの安全確認を行い，子どもや保護者の面接をする。このときに保護者が会おうとしなかったり，子どもに会わせなかったり，危険が予想されたりする場合は，警察に協力を依頼する場合がある。

26)　虐待に関する情報は，すべて虐待通告として受理する。

図表4-10　子ども虐待対応・アセスメントフローチャート[27)]

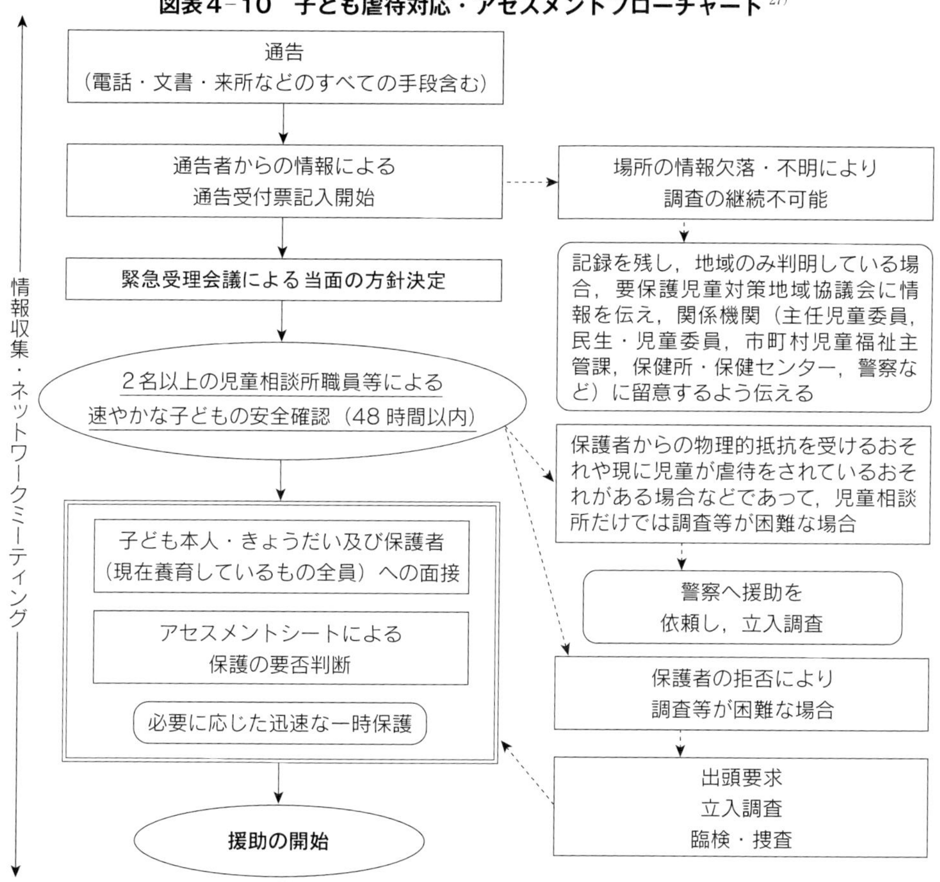

＊ Column ＊

児童虐待早期発見に向けた取り組み

児童虐待を発見した人は，これを関係機関に知らせる国民としての義務[28)]がある。

児童虐待の通告をしやすくするために，2015年から児童虐待・子育て相談電話の運用が始まった。これは，189番に電話をかければ，児童虐待の情報をいち早く通告できるための取り組みであり，全国共通の電話番号として，「いちはやく」の語呂合わせで189とされた。189では，24時間365日児童虐待や子育ての相談を受け付けている。

27）図表4-10，4-11ともに厚生労働省「子ども虐待対応の手引き（平成25年8月改正版）より（一部変更）。

28）児童福祉法第1条に「全て国民は，児童が良好な環境において生まれ，かつ，社会のあらゆる分野において，児童の年齢及び発達の程度に応じて，その意見が尊重され，その最善の利益が優先して考慮され，心身ともに健やかに育成されるよう努めなければならない」とされている。

児童虐待の防止等に関する法律第6条には「児童虐待を受けたと思われる児童を発見した者は，速やかに，これを市町村，都道府県の設置する福祉事務所若しくは児童相談所又は児童

図表4－11　虐待相談・通告受付票

受理年月日		年　月　日（　）午前・午後　時　分	
子ども	ふりがな 氏　名		
	生年月日	年　月　日生（　）歳　男・女	
	住　所		
	就学状況	未就学　／　保・幼・小・中・高校　年　組　担任名（　） 出席状況：　良好　欠席がち　不登校状態	
保護者	ふりがな 氏　名		
	職　業		
	続柄年齢	続柄（　）年齢（　歳）	続柄（　）年齢（　歳）
	住　所	電話	
虐待内容		・誰から ・いつから ・頻度は ・どんなふうに	
虐待の種類		（主◎　従○：身体的／性的／ネグレクト／心理的）	
子どもの状況		・現在の居場所： ・保育所等通園の状況：	
家庭の状況		・家庭内の協力者　（　） ・家族以外の協力者（　） ・きょうだいの有無　有　・　無 ・同居家族 ・DV被害等	
情報源と 保護者の了解		・通告者は　実際に目撃している・悲鳴や音等を聞いて推測した ・通告者は　関係者（　）から聞いた ・保護者は　この通告を（　承知・拒否・知らせていない　）	
通告者	氏　名		
	住　所	電話	
	関　係	家族・近隣・学校・保育所・病院・保健所・児童委員・警察	
	通告意図	子どもの保護　・　調査　・　相談	
	調査協力	調査協力（　諾　・　否　）当所からの連絡（　諾　・　否　）	
通告者への対応		・自機関で実態把握する ・その他（　）	
決　裁		年　月　日	

委員を介して市町村，都道府県の設置する福祉事務所若しくは児童相談所に通告しなければならない。」とある。

(2) 児童虐待と保育所保育指針

児童虐待によって子どもの心に残る傷の大きさは，はかりしれない。保育所保育指針においても，児童虐待の早期発見と支援，関係機関との連携について扱われている。保育所では，虐待が子どもを傷つける前に，子どもにかかわる専門職につく者が早期発見と予防に努めることが求められている。

保育所保育指針

第3章　健康及び安全

1　子どもの健康支援

（1）　子どもの健康状態並びに発育及び発達状態の把握

ウ　子どもの心身の状態等を観察し，不適切な養育の兆候が見られる場合には，市町村や関連機関と連携し，児童福祉法第25条に基づき，適切な対応を図ること。また，虐待が疑われる場合には，速やかに市町村又は児童相談所に通告し，適切な対応を図ること。

第4章　子育て支援

2　保育所を利用している保護者に対する子育て支援

（3）不適切な養育等が疑われる家庭への支援

イ　保護者に不適切な養育等が疑われる場合には，市町村や関係機関と連携し，要保護児童対策地域協議会で検討するなど適切な対応を図ること。また，虐待が疑われる場合には，速やかに市町村又は児童相談所に通告し，適切な対応を図ること。

(3) ドメスティック・バイオレンス

ドメスティック・バイオレンス（DV：Domestic Violence）は配偶者や恋人など親密な関係にある（あった）者の間で発生する暴力[29]の総称である。わが国の，「配偶者からの暴力の防止及び被害者の保護に関する法律」[30]では**配偶者間暴力**について規定している。夫婦間の暴力も犯罪であり，配偶者暴力相談支援センター[31]を中心に対応している。このように現代は，児童虐待だけではなく家庭のなかの問題を家族だけにまかせず，社会の問題として考えていこうという方向にある。

子ども家庭福祉の視点からみれば，児童虐待防止法に配偶者間暴力に関する記述がある。この法律では，心理的虐待に「児童が同居する家庭における配偶者[32]に対する暴力」が加えられている。

子どもにとって自分の父母の間で行われる暴力は子どもの心を傷つける虐待に当たる。その意味において，保育士は，子どもの家庭におけるドメスティック・バイオレンスについても取り組む必要があると言える。

母子生活支援施設とドメスティック・バイオレンス

母子生活支援施設入所理由で最も多いものは配偶者からの暴力である。母子生活支援施設においては，地域で暮らす母子家庭のための支援制度として母子緊急一時保護事業がある。母子緊急一時保護事業とは，夫の暴力，消費者金融の取り立てほか，緊急に保護を要する18歳未満の子ども

29）子どもによる親への暴力などはファミリー・バイオレンスとして使い分けられている。親による子どもへの暴力（虐待）とファミリー・バイオレンスも使い分けている。

30）「配偶者からの暴力の防止及び被害者の保護に関する法律（通称DV防止法）」は2001（平成13）年に施行された，夫や妻からの暴力による被害者を護るための法律である。この法律により，福祉関係機関や警察が夫婦間の暴力をやめさせたり，暴力を受けている人の相談にのったり，保護したりすることができるようになった。

31）配偶者暴力相談支援センターとは，DV防止法に基づく機関であり，配偶者からの暴力についての相談に応じたり，一時保護や保護命令の申し立てや，自立のために必要な情報などの提供をしたりして，配偶者から暴力を受けた人を支援する機関である。

32）婚姻の届出をしていないが，事実上婚姻関係と同様の事情にある者を含む。

を育てている母とその子どもに対し，母子生活支援施設で2週間を限度に一時保護を行う制度であり，着の身着のままで逃げてきた母子のために，必要な備品などの貸与などもしている。

5. 社会的養護

(1) わが国における社会的養護

乳児院では，母親による育児が難しくなることにより，家庭での育児が不能になって施設に子どもを託す事例が多い。母親が育児の主な担い手になっており，母親中心の育児が難しくなったときに家庭や地域，親族などで引き受ける人がいないということである。わが国の実情を反映しているといえよう。

児童福祉法によれば，家庭で暮らせない子どもを養護する責任は国や地方公共団体にある。このような子どもたちを社会の力で護り育てることを社会的養護という。国民すべての協力を得て，国や地方公共団体の責任で，だれもが一定水準の養育を受けられるようにしていく必要がある。

施設という場があり，そこに専門的な勉強と経験を積んだ職員がいることにより，子育てがうまくできなかったり，何か家庭的な問題が発生したりした場合に，だれもが一定水準の養護を受けられるようになる。

しかし，わが国の社会的養護の現状として，家庭で暮らせなくなった子どもは主に児童福祉施設で生活している。このようなあり方は，児童の権利に関する条約第20条で求められている内容とは異なっている。第20条では，里親委託，イスラム法のカファーラ[33]，養子縁組という家庭養護を優先することを求めている。

33) カファーラ（Kafala）は，イスラムにある，立場の弱い人を支援・保護する仕組みである。対象が子どもの場合は養子のように子どもを育成する。

児童の権利に関する条約　第20条

1　一時的若しくは恒久的にその家庭環境を奪われた児童又は児童自身の最善の利益にかんがみその家庭環境にとどまることが認められない児童は，国が与える特別の保護及び援助を受ける権利を有する。

2　締約国は，自国の国内法に従い，1の児童のための代替的な監護を確保する。

3　2の監護には，特に，里親委託，イスラム法のカファーラ，養子縁組又は必要な場合には児童の監護のための適当な施設への収容を含むことができる。解決策の検討に当たっては，児童の養育において継続性が望ましいこと並びに児童の種族的，宗教的，文化的及び言語的な背景について，十分な考慮を払うものとする。

(2) 社会的養護のプロセス

入所施設における社会的養護は，入所時の支援（アドミッションケア），施設内での支援（インケア），地域や家庭への移行支援（リービングケア），施設退所後の支援（アフターケア）というプロセスをたどる。

①アドミッションケア

アドミッションケアは，施設への受け入れをスムーズに進める入所時の支援であり，子どもや家族を受容することから始まる。複数の職員による一貫性をもった支援を通じて，子どもにとって安心感のある環境をつくることが大切である。

②インケア

インケアは，施設内での支援であり，自立支援計画をもとに，日常生活支援を基盤に実施する。

③リービングケア

リービングケアは施設を出たあとの生活がスムーズにいくように，子どもを受け入れる家族を支援したり，社会に出たときに必要な技術や知識の習得の支援をしたりする。施設の生活や支援者，友だちとの別れについての心の準備も手伝う。

④アフターケア

アフターケア[34)]は施設退所後の生活の支援である。児童相談所や地域の関連機関と連携しながら，家庭での虐待再発の防止や生活の安定を支援する。また，施設から社会に出た子どもの相談にのるなど継続的な取り組みをする。社会に出たあと自立援助ホームを利用する子どももいる。

34）2004（平成16）年児童福祉法改正により，アフターケアについて明記された。乳児院，児童養護施設，母子生活支援施設，情緒障害児短期治療施設（現・児童心理治療施設），児童自立支援施設の各施設において「退所（院）した者について相談その他の（自立のための）援助を行う」との文言が加えられた。

(3) 新しい社会的養育ビジョン

2017（平成29）年，厚生労働省の「新たな社会的養育の在り方に関する検討会」（以下検討会）は，親子の分離ケアとしての社会的養護を含め，すべての家庭を対象にした社会的養育という観点を提示した（「新しい社会的養育ビジョン」）。ここでは，そのうちで社会的養護について示された内容を概観する。

検討会では，児童福祉法第3条の2を示し，親子分離が必要な場合の社会的養育のあり方を以下のように示している。

児童福祉法　第3条の2

ただし（中略）児童を家庭において養育することが困難であり又は適当でない場合にあつては児童が家庭における養育環境と同様の養育環境において継続的に養育されるよう，児童を家庭及び当該養育環境において養育することが適当でない場合にあつては児童ができる限り良好な家庭的環境において養育されるよう，必要な措置を講じなければならない。

①子どものニーズに合った養育を保障するために，代替養育はケアニーズに応じた措置費・委託費を定める。
②代替養育は家庭での養育を原則とする。
③高度に専門的なケアが一時的に必要なときは，「できる限り良好な家庭的な養育環境」を提供する。
④入所は短期入所が原則である。
⑤里親を増加させ，フォスタリング業務[35)]の質を高めるとともに，民間団体も行えるようにする。
⑥児童相談所は永続的解決を目指し，家庭復帰支援を徹底する。
⑦家庭復帰が不適当な場合は養子縁組という形で永続的解決を図る。

35) 里親支援や里親制度に関する包括的業務のこと。

上記を実現させるために，社会的養護関係については以下の工程で進めていく。

①ソーシャルワーカーの人材確保（5年以内）と里親へのフォスタリング体制の強化をする。
②特別養子縁組制度[36)]を促進する（おおむね5年以内に，2017年の2倍の1000組の成立を目指す）。
③就学前の子どもについては，原則として施設への新規入所を停止する。3歳未満児は5年以内，それ以外の未就学児は7年以内に75%を里親委託とする。
④学童期以降は10年以内をめどに50%以上を里親委託とする（2015年度末で全年齢委託率17.5%）。
⑤リービングケア，アフターケアの社会的基盤を整備し，継続的に支援する。

36) 養子となる子どもの実親（生みの親）との法的な親子関係を解消し，養親と子どもが実の子と同じ親子関係を結ぶ制度であり，養親になることを望む夫婦の請求に対し，家庭裁判所の決定を受けて成立する。

このように，子ども家庭福祉分野においても脱施設化が進む方向にある。

6. 障害のある子どもへの対応

児童福祉法　第4条2

この法律で，障害児とは，身体に障害のある児童，知的障害のある児童，精神に障害のある児童（発達障害者支援法（平成16年法律第167号）第2条第2項に規定する発達障害児を含む。）又は治療方法が確立していない疾病その他の特殊の疾病であつて障害者の日常生活及び社会生活を総合的に支援するための法律（平成17年法律第123号）第4条第1項の政令で定めるものによる障害の程度が同項の主務大臣が定める程度である児童をいう。

児童福祉法では，障害児を身体に障害のある児童，知的障害のある児童，精神に障害のある児童（発達障害児を含む），難病の児童としている。

(1)障害者の権利に関する条約（障害者権利条約）と障害児

①障害者の権利に関する条約（障害者権利条約）

障害者権利条約は，2006年12月に国際連合総会で採択され，2008年5月に発効した。わが国は2014年1月に批准した。障害者権利条約では，以下の内容が述べられている。

一般原則

障害者の尊厳，自律及び自立の尊重，無差別，社会への完全かつ効果的な参加及び包容など

一般的義務

障害によるどのような差別もしないこと，すべての障害者のあらゆる人権と基本的自由を完全に実現・促進することなど

合理的配慮の実施を怠らないこと

障害者の権利実現のための措置

身体の自由，拷問の禁止，表現の自由，教育，労働などの社会権的権利について締約国がとるべき措置など

条約の実施のための仕組み

条約の実施と監視のための国内の枠組みの設置

障害者の権利に関する委員会での各締約国からの報告の検討

障害者権利条約　第2条　定義

「合理的配慮」とは，障害者が他の者と平等にすべての人権及び基本的自由を享有し，又は行使することを確保するための必要かつ適当な変更及び調整であって，特定の場合において必要とされるものであり，かつ，均衡を失した又は過度の負担を課さないものをいう。

合理的配慮については，障害者権利条約第2条に定められている。合理的配慮とは，障害者が皆と一緒に生活・活動ができるように，環境的・人的・物的な状況を整えたり，支援をしたりすることである。ただし，対応する側にも過度な負担がない範囲で，可能な内容で行うとされている。第24条には教育について定められている。

障害者権利条約　第24条　教育

締約国は，教育についての障害者の権利を認める。締約国は，この権利を差別なしに，かつ，機会の均等を基礎として実現するため，次のことを目的とするあらゆる段階における障害者を包容する教育制度及び生涯学習を確保する。

文部科学省は小・中学校での障害児への合理的配慮に関して，教員，支援員などの確保，施設・設備の整備，個別の教育支援計画や個別の指導計画に対応した柔軟な教育課程の編成，教材の配慮などが必要であると述べている。

障害児を小中学校で受け入れる場合は，その子どもの状態に合わせて個別に対応し，必要な環境や支援員を確保することが求められている。

②障害を理由とする差別の解消の推進に関する法律

「障害者の権利に関する条約」にかかわる国内法を整備するために，2013（平成25）年6月に「障害を理由とする差別の解消の推進に関する法律」（障害者差別解消法）が制定された（2016〔平成28〕年4月施行）。

この法律の目的は，障害の有無によって分け隔てをせず，障害がある人もない人も互いに尊重しともに暮らす社会をつくることである。

公共施設はもちろん，民間事業者も障害を理由として入店や利用を断ることはしてはいけない（不当な差別的取扱いの禁止）。**合理的配慮**については，2021（令和3）年に同法が改正され，これまで努力義務としていた民間事業者においても提供が義務化されている（2024〔令和6〕年4月施行）。

具体的には，以下のような対応が合理的配慮として求められる。

・車椅子で入れるようにする。

・車椅子を押す。
・講演などで手話通訳を用意する。
・筆談で対応する。
・わかりやすい説明をする。
・読み上げサービスをする。
・点字を用意する。
・段差をなくす。

たとえば障害児が幼稚園への入園を希望している場合，「障害があるから」という理由で断ってはいけない。園は，入園希望者に向けてどの程度の環境を整えられるかを説明する。その説明により，入園するかしないかを判断するのは，障害児の側であるということになる。その子どもが入園した場合は皆と一緒に保育を受けられるよう，環境を整え支援を行う。

聴覚障害4人の入館拒否

「レゴランド・ディスカバリー・センター東京」（東京都港区）を訪れた聴覚障害の4人が，聞こえないことを理由に入館を断られていたことがわかった。国は「障害者差別解消法の禁止事項に当たる」とし，施設側に改善を求めた。運営会社は「大きな過ちを犯した。深くおわびする」としている。

入館を断られたのは，新潟県に住むろう学校教員でろう児支援団体代表の阿部光佑さん(31)。4月21日，息子（3）と娘（6）と友人の計4人でレゴランドを訪れた。入り口でスタッフに「聞こえる人が付き添わないと入館はできません」と伝えられた。4人とも聴覚障害があるため，理由を聞くと「災害時に避難の呼びかけに応じることができないため」と説明された。子どもたちは「ほかの子は遊べるのに，なんで」とショックを受けた様子だったという。

施設を運営する「マーリン・エンターテイメンツ・ジャパン」（港区）などによると，施設のホームページのQ＆Aに，障害者だけの入館はできず，健常者の付添人との入館を求めるという内容を記していた。阿部さんは全日本ろうあ連盟に相談。連盟は国や，施設のある港区に対応を求めた。

障害者差別解消法は，障害を理由にサービスの提供を拒否することを禁じ，国は「介助者がいないと施設や店に入れない」ケースを不当な差別として例示している。経済産業省は今月13日，マ社に改善を求めた。マ社のピーター・リー代表取締役は取材に「不快な思いをさせ，大変申し訳ない」と述べ，改善する考えを示した。阿部さんは「入館できないと言われ，つらかった。将来，入館拒否がゼロになってほしい」と願っている。（貞国聖子，前多健吾，横川結香）

（朝日新聞　2018年6月22日　朝刊より抜粋）

(2)地域で暮らす障害児のための制度

地域で暮らす障害児やその家族への支援のために以下のような制度が用意されている。

①障害児通所支援

児童発達支援

児童発達支援センターなどに通うことで，日常生活における基本的な動作や知識技能が身につくように支援し，集団生活への適応などができるようにしていく。あわせて，肢体不自由のある子どもに対して，児童発達支援センターにおいて治療を行う。

放課後等デイサービス

授業の終了後または休業日に，学校（幼稚園及び大学を除く）に就学している障害児が，児童発達支援センターなどで生活能力の向上のために必要な支援，社会との交流の促進その他の支援を受ける。

居宅訪問型児童発達支援

重度の障害の状態などにある障害児で，児童発達支援や放課後等デイサービスを受けるために外出することが著しく困難な子どもが，自宅などで日常生活における基本的な動作や知識技能を習得するための支援を受けたり，生活能力の向上のために必要な支援などを受けたりする。

保育所等訪問支援

障害児のいる保育所または乳児院などを訪問し，障害児以外の子どもとの集団生活に適応するための専門的な支援などを行う。

②障害児相談支援

障害児支援利用援助

障害児支援利用計画案を作成し，通所給付決定などが行われたあとに，指定障害児通所支援事業者等関係者との連絡調整などを支援し，障害児支援利用計画を作成する。

継続障害児支援利用援助

通所給付が決定した保護者が，通所給付決定の有効期間内に継続して障害児通所支援を適切に利用することができるよう，障害児支援利用計画が適切であるかどうかを期間ごとに確認する。

障害児支援利用計画の見直しを行い，その結果に基づき，関係者との連絡調整をしたり，障害児支援利用計画の変更または新たな通所給付決定または通所給付の変更が必要である保護者に対し，給付決定などの申請を助言したりする。

療育手帳

知的障害児・者の手帳で，提示すると障害児・者のための制度利用ができる。判定は各都道府県（政令指定都市）で，18歳未満は児童相談所が行っている。

(3) 発達障害

発達障害には自閉スペクトラム症，注意欠如多動症（ADHD），学習障害（限局性学習症／LD）などがある。

自閉症は知的障害の一部と考えられてきたが，知的障害を伴わない自閉症の存在も知られてきた。**自閉スペクトラム症**は，①社会的コミュニケーション，②限局された反復的行動・興味・活動という2領域の障害によって診断される。**ADHD** は Attention-Deficit Hyperactivity Disorder の略で，不注意と多動性が混在しており，自分の感情や行動をコントロールするのがうまくいかない。**LD** は Learning Disorders の略で全般的に知的には障害はないが，ほかの能力に比べ話す，読み書き計算などの特定の学習に困難がある。これらの診断基準はアメリカ精神医学会によるものである(DSM-5-TR)。なお，下記に示す発達障害者支援法では，ICD-10(WHO による診断基準）に基づき発達障害を定義している。

発達障害者支援法（平成17年施行）

第2条　この法律において「発達障害」とは，自閉症，アスペルガー症候群その他の広汎性発達障害，学習障害，注意欠陥多動性障害その他これに類する脳機能の障害であってその症状が通常低年齢において発現するものとして政令で定めるものをいう。

2　この法律において「発達障害者」とは，発達障害がある者であって発達障害及び社会的障壁により日常生活又は社会生活に制限を受けるものをいい，「発達障害児」とは，発達障害者のうち18歳未満のものをいう。

発達障害についての支援機関として発達障害者支援センター[37]がある。

37）発達障害者支援センターは発達障害者支援法に基づいて，発達障害の早期発見，早期の発達支援，発達障害者及びその家族に対する専門的相談・助言，発達障害者の就労支援，医療，関係機関・民間団体との情報提供，研修を行っている。

7．少年非行などへの対応

子どもの社会に参加できない状態や行動を非社会的行動といい，犯罪行為などを社会で行うことを反社会的行動という。

(1) 不登校

図表4-12[38]
全校生徒に占める不登校の割合

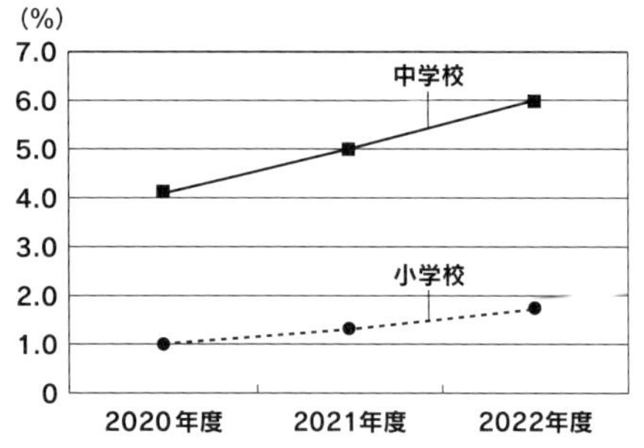

わが国では小中学校教育を受けることは子どもの権利である。しかし，学校に在籍しているのだが登校していない子どももいる。

2022（令和4）年度に不登校のために30日以上学校へ行っていない子どもは，小学生105,112人で小学生の1.7%，中学生193,936人で中学生の6.0%にあたる（図表4-12）。また，就学猶予や就学免除で小中学校に行っていない子ども[39]は，令和4年度調査で，小学生（6～11歳）2,663人，中学生（12～14歳）1,382人である。一年以上にわたり居所が不明の子どもは小学生（6～11歳）で56人，中学生（12～14歳）で35人いる[40]。家から出ないで自分の部屋でほとんどの時間を過ごし，学校や社会には出ないひきこもりの子どももいる。

(2) 少年非行

子どもの社会への不適応は非行（刑事法[41]に触れる行為をすること）となって現れることがある。子どもは成長のプロセスで環境から影響を受けて非行に走ったり，非行に陥りそうになったりする場合がある。そこで，子どもが刑事法に触れる行為をした場合は，そのプロセスを理解し，環境を整える。子ども自身が自分の犯したことの意味を考えたり，暴力的な手段ではなく自分を表現したり，他人と適切な人間関係をもてるようにしたりする支援をすることが原則である。つまり，その子がその後，人生をしっかりと歩んでゆくという視点から支援するのである。

38）文部科学省「令和4年度児童生徒の問題行動・不登校等生徒指導上の諸課題に関する調査結果について」，2023

39） 学校教育法第18条の規定「病弱，発育不完全その他やむを得ない事由のため，就学困難と認められる者の保護者に対しては，市町村の教育委員会は，文部科学大臣の定めるところにより，同条第1項又は第2項の義務を猶予又は免除することができる」による。

40） 文部科学省「令和4年度学校基本調査」，2022

41） 刑事法とは国が定める犯罪と罰則について決めた法律の総称。

少年非行の処遇

少年鑑別所：少年鑑別所とは，家庭裁判所に事件が送られ，本当にやったかどうか調べたり，処分を決めたりする前に，その子どもについて専門的な調査や診断を行う法務省所管の施設である。

触法少年：触法少年とは，14歳未満で刑事法に触れる行為をした子どものことである。

虞（ぐ）犯少年：虞犯少年とは，将来，刑事法に触れる行為をするおそれがあると考えられる子どものことである。

保護司：保護司とは，法務大臣が委嘱する地域の人である。保護観察中で地域に住んでいる人の相談にのったり，日常の様子を確認したり，世話をしたりして更生を助け，犯罪を予防するために，人間的に信頼できる人が選ばれる。

刑事法に触れる行為をした子ども[42]は原則として，家庭裁判所に送られる。家庭裁判所はその少年の行為に関して，調査官の調査の内容や意見，少年鑑別所の意見を参考に処分を決めている。

児童相談所[43]では，家庭などからの相談や家庭裁判所からの送致を受けて，子ども家庭福祉の立場から**触法少年**や**虞犯少年**の援助活動をしている。児童福祉法で，触法少年や虞犯少年が入所する施設は児童自立支援施設である。刑事法に触れる行為をした子どもの処分として，少年院に入る（少年院送致）場合もあるが，その可能性がある年齢はおおむね12歳以上である。少年院は，少年の年齢や非行傾向，心身の状態などによって第1種から第5種に分類されている。

少年院は更生を目的とした施設であり，刑罰を目的として入れられる刑務所とは異なる。少年院では教育のため，生活指導，学科指導，職業指導などのほか，心理学などを応用した様々なプログラムが実施されている。第3種少年院では，体や心の病気の治療と教育を一緒に実施する。

保護観察といって，地域で保護司の指導を受けることになる場合もある。令和4年版犯罪白書によると，2021（令和3）年に新たに保護観察になった少年は9,932人で，少年院仮退院者は1,560人であった。

少年犯罪は凶悪化，低年齢化しているという理由で，子どもに関する罪を重くしようという考えも出て，少年法が改正されている。

42）少年法の「少年」は20歳未満である。

43）児童相談所運営指針に「家庭裁判所から子どもの身柄とともに事件の送致を受けたときは，家庭裁判所の審判等の結果に基づき，その決定の範囲内で，家庭裁判所調査官等との協力を図りつつ，速やかに児童福祉法上の援助を行う」とある。

8. 貧困家庭・外国につながる子どもとその家族への支援

(1) 子どもの貧困への対応

経済的状態が厳しい家庭で育つ子どもの将来が，その経済状況により不利にならないよう法律が制定され，対応が始まっている。

①子どもの貧困対策の推進に関する法律

子どもの貧困対策の推進に関する法律（子どもの貧困対策法）が2013（平成25）年に成立した。この法律の目的は，子どもの将来がその生まれた環境によって影響されないよう，貧困家庭で育つ子どもへの支援をするとともに，国などが責任をもって子どもの貧困対策を推進するということである。

子どもの貧困対策の推進に関する法律

第1条　この法律は，子どもの現在及び将来がその生まれ育った環境によって左右されることのないよう，全ての子どもが心身ともに健やかに育成され，及びその教育の機会均等が保障され，子ども一人一人が夢や希望を持つことができるようにするため，子どもの貧困の解消に向けて，児童の権利に関する条約の精神にのっとり，子どもの貧困対策に関し，基本理念を定め，国等の責務を明らかにし，及び子どもの貧困対策の基本となる事項を定めることにより，子どもの貧困対策を総合的に推進することを目的とする。

子どもの貧困対策法により，教育の支援，生活の支援，就労の支援，経済的支援が行われる。国は子どもの貧困対策について審議し，その実施を推進する。また，子どもの貧困対策に関する大綱を作成する（こども基本法施行に伴い，こども大綱へ一元化）。

②子どもの貧困対策に関する大綱

子どもの貧困対策に関する大綱（令和元年版）には，「日本の将来を担う子供たちを誰一人取り残すことがない社会に向けて」という副題がついている。大綱では，以下が示されている。

- 子どもの貧困対策に関する基本的な方針
- 子どもの貧困に関する指標（子どもの貧困率，生活保護世帯の高等学校等進学率等）やその改善に向けた施策
- 教育の支援，生活の支援，保護者に対する就労の支援，経済的支援その

他の子どもの貧困対策に関する事項

また，大綱には，学校を基点として，学力支援や福祉支援を行うことが述べられている。

③生活困窮者自立支援制度

2015（平成27）年から始まった生活困窮者自立支援制度では，生活保護受給になる前に生活支援を行う。就労の問題，住居の問題，病気や障害などに対応する相談窓口ができる。そこでは，専門の支援員が個人の状況に合わせた支援プランを作成し，他の専門機関と連携して，解決に向けた支援を行う。

生活困窮者自立支援制度は，子どもの貧困にも対応している。生活困窮世帯の子どもの学習支援がそれである。貧困家庭の子どもの学習支援，日常的な生活習慣を身につけるための支援，居場所づくり，進学支援，高校進学者の中退防止に関する支援等が行われる。生活困窮者自立支援制度では，子どもと保護者の両方に必要な支援を行う。

垣間見る貧困の実情

日々の生活に困っている世帯への食料支援に取り組む平塚市の市民団体「フードバンクひらつか」が，設立から間もなく1年になる。活動を通じてさまざまな貧困の形に直面し，代表の大関めぐみさん（48）は「母子家庭を想定していたが，年金暮らしの方も切迫した状況にある」と話す。垣間見るのは社会の縮図だ。（浅川将道）

「普段買ってあげられていないので…」。そうこぼす母親の言葉が胸に響く。菓子を受け取り，喜々として部屋の奥に消えていった男の子の着ていた服は一目で汚れているのが分かった。

知人を介して支援を依頼された，その母子世帯は食べ物だけでなく，生活雑貨や衣類などあらゆる物を必要としていた。

フードバンクひらつかは昨年7月に設立。今年4月までの支援先は，市内のひとり親世帯や，65歳以上の高齢者世帯，児童福祉施設など延べ143カ所に上る。食料品以外にも，手に入れられたときは，冷蔵庫や湯沸かし器などの物資を届けたケースもある。

需要の多さ，その多様さだけでなく，大関さんは貧困の事情が千差万別なこともまた実感している。

支援のために訪ねた市内の集合住宅で，女性の言葉に大きなショックを受けた。「トイレットペーパーを溶かして食べ，飢えをしのいでいました」

30代の女性は，夫に家庭内暴力を受け，市外から着の身着のままで逃げ込んでいた。市に生活保護を申請したが，受給が認められるまで約1カ月を要す。その間に利用できる社会福祉協議会の貸付制度も積極的に伝えられていなかった，とみられる。

「こんなに物が豊かな時代で，そんな状況があるなんて…」と大関さんは絶句する。

障害や病気が貧困を招いている実態もある。

精神疾患がある40代のシングルマザーは，5歳の男児と70代の母親と3人で暮らす。母親の年金と，自身の障害年金を合わせた10万円では生活は苦しい。持ち家などの資産の関係で，生活保護は認められていなかった。

軽度の認知症を患っている母親は，家庭ごみの集積場から家に足りなくなった調味料や洋服などを拾ってきてしまう，という。

「女性本人の障害で市の職員にうまく説明できない状況もあるのか，（生活保護の）申請が滞り，現在の年金だけでは生活できない現状があった。『餓死せずに済んだ』と喜んでもらいましたが…」。セーフティーネットから漏れた人たちの厳しい現状に，心を痛める。

支援の必要性は増している。

厚生労働省の今年3月の発表によると，2016年度の1カ月平均の生活保護受給世帯は，前年度比0.4％増の163万7045世帯で過去最多を更新。平塚市でも，2017年度末時点で市内の生活保護受給世帯は2590世帯で，高齢者世帯の増加に伴い過去最多となっている。

支援の現場にいる大関さんも母子世帯だけでなく，ぎりぎりの生活を余儀なくされている高齢者世帯が多いと実感する。「次々と高齢者を支援してほしいとの声が届く」と話す。

（神奈川新聞　2018年6月20日　朝刊より抜粋）

生活困窮者の子の学習支援，民間との連携が課題

「別の塾は高いけど，ここは無料。友達もできて，嫌いな算数もできるようになった」

埼玉大（さいたま市桜区）近くにある「無料塾ひこざ」で学ぶ市立小5年の男児（10）は昨秋から通う。ここでは，ボランティアの大学生らが無償で週1～2回，勉強を教える。不登校の子や養護施設に通う子もいれば，進学校を目指す子も通ってくる。

「ひこざ」の本来のねらいは生活困窮者の子どもの学習支援。だが，同塾の雛元聖子事務局長（70）は，対象を「経済的に困っている子」に限定しないことが良さだと指摘する。あえて入塾要件を設けずに地域で見守るからこそ，家が貧しく疎外感のある子も安心できる居場所になるという。

塾生数は増える一方で「超過密状態」が続く。「無料塾の需要の大きさを深刻に確信している」（雛元さん）。

埼玉県内で生活保護を受ける世帯の子の高校進学率は94.6％（2016年3月卒）で，全体の平均99.0％より低い。大学進学率は27.2％（同）で，全体の56.9％との差は歴然だ。家庭の経済状況が子の学力に影響する「貧困の連鎖」は深刻だ。

県は生活困窮世帯の子の学力や進学率を上げようと，2010年度から，収入が基準以下の家庭の中・高校生に週1回，無料で勉強を教える教室を続けてきた。しかし，日本財団の調査で，貧困による学力差は小学校の段階で生じることがわかった。物事に取り組む意欲など生きていく上での力，非認知能力も同様の傾向を示すという。そのため県は，まず6市町で，無料教室の対象を今年度から小3以上に広げる。

その予算は年間1億448万円。「すべて行政でやるのは限界もあり，拾いきれない子もいる」（福祉部担当者）のが現実だ。地域のNPOや子ども食堂，フードバンクなど，自由度が高い民間との連携が課題となる（小笠原一樹）

（朝日新聞デジタル　2018年5月11日より抜粋）

(2) 外国につながる家族への支援

日本に住み，働き，子育てをする外国人が増え，保護者が外国人である保育所利用児も増えている。英語圏ではない国とつながりのある家族も多くいて，その話す言葉や生活習慣も多様である（図表4-13）。

ここでは，外国につながる子どもたちの課題を言葉と生活習慣の視点から考えてみる。

44) 法務省入国管理局「令和4年6月末現在における在留外国人数について」, 2022

図表4-13 在留外国人の構成比（国籍・地域別，令和4年6月末）[44)]

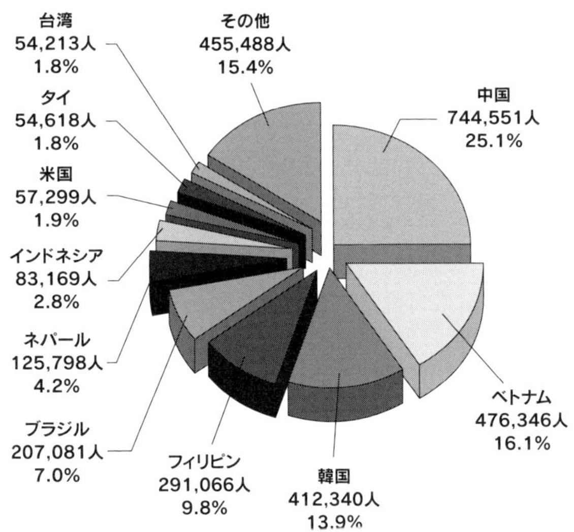

①言葉によるコミュニケーション

外国につながる家族の出身地は様々であり，日常使う言葉が英語ではない場合も多い。言葉によるコミュニケーションを支援するために，各地で日本語教室が開催されている。現物やイラストを見せながら説明したり，ジェスチャーを交えて示したりと，言葉によらない情報提供が必要な場面も多々ある。また，日本ではごく一般的な物についての説明が通じないことや，求めている行動が伝わらないこともあるが，これは言葉の問題とは限らない。たとえば，その品物自体が出身国にないために想像できない，日本では常識とされている態度や考え方が理解しがたい，といった場合もあるだろう。

②多様な生活習慣

外国につながる家族は，食事，他者との距離感，持ち物，時間の管理などの生活習慣も多様である。出身国の文化を理解しながら，日本での考え方や形式を知らせていくことが必要である。

日本の生活習慣を押しつけるのではなく，その国独自の文化や生活習慣を尊重し，教えてもらうという姿勢が望ましい。自分のルーツとなる生活文化に周囲が関心を寄せ，驚いたり楽しんだりする姿を見ることによって，子どもが自分のルーツや家族に誇りをもち，「大切な自分」を実感できる場合もある。

上記は，支援の基本的な姿勢だが，外国につながる家族に合わせて無理に体制を変えるということではない。現状の体制でできることとできないことを明示し，互いに歩み寄ることが求められる。「日本ではこれが常識」「日本で暮らすならばこうするべき」などと言うのではなく，「この園では，このような考えがあってこうしている」といった伝え方が望ましいだろう。

増える外国籍の子　学校苦悩

愛知県豊田市の西保見小学校は全校児童252人（5月現在）のうち，約7割の171人が外国人で，そのうち約9割がブラジル人だ。今年度から4教室となった特別支援学級は22人が在籍し，このうち15人が外国人だ。

2月下旬には特別支援学級の子どもたちが輪になって，「次は，東山公園，東山公園。降りますか？　降りませんか？」と電車に乗る練習をしていた。数日後に迫った遠足で，通常学級の子どもたちと集団行動するためだ。電車の切符の買い方や，バナナなど果物の買い物の練習もした。

特別支援学級の児童が全員，障害の診断を受けているわけではない。平吹洋子前校長は「日本語など言葉が出来ないことは，特別支援の対象」と語った。「発達障害かグレーゾーンの子もいるが，特別支援学級は少人数で自立訓練をするため，通常学級より伸びる子が多い」と話し，「ある程度自立できると，音楽や体育，社会科などで通常学級に戻る」と説明した。

これに対し，文部科学省特別支援教育課程は日本語ができないことだけを理由に特別支援学級に入ることは「想定していない」という。4月に西保見小へ赴任した岡元敏子現校長も特別支援学級に入るには「（障害者）手帳や診断が下りている」ことが前提と言う。

ただ，多様な子どもを教えるために「人的な支援が多ければ多いほどいい」と言う。同校は日本語を教える国際学級が四つあり，ポルトガル語通訳が4人常駐するが，それでも手が回らない時もあるという。

（朝日新聞　2018年6月24日　朝刊より抜粋）

③外国につながる子どもへの支援策

日本に暮らす外国人の家族が増える一方，そのなかには，義務教育を受けるべき年齢にもかかわらず通学できていない子どもたちがいる。国は，外国につながる子どもへの支援策として以下の事業を行っている。

定住外国人の子どもの就学促進事業

不就学となっている外国につながる子どもを対象に，公立学校や外国人学校等への就学に必要な支援を学校外において実施する自治体を補助する。そのために，日本語指導等を行う教員，日本語指導や教科指導・バイリンガル指導員コーディネーター配置を支援する。

外国人児童生徒等教育を担う教員の養成・研修モデルプログラム開発事業

養成・研修の対象者は，学校（幼小中高特）における正規採用の日本語指導担当教員，派遣日本語指導員，派遣母語支援者，ボランティア日本語支援者を対象に養成研修を行う。

日本語指導が必要な児童生徒等の教育支援基盤整備事業

日本語指導が必要な外国につながる子どもに対して，指導・支援体制構築のための調査，学校現場で活用できる多言語翻訳システム等ICTを活用した教育支援の活用事例の発信，外国につながる児童生徒等の受け入れのための自治体・学校向けの手引きの全面改訂の事業を行い，基盤を整備する。

今年の授業初日の9日，横浜市立南吉田小学校は全校児童765人のうち，52人が欠席した。教員は朝から，保護者に授業開始を伝え，児童の様子を尋ねる電話かけに追われた。

同校児童の約6割が中国や韓国，フィリピンといった外国にルーツを持つ。藤本哲夫校長（62）は「文化の違いもあり，悪気があって休むのではない。学校便りやホームページで伝えているが，親御さんに伝わらないこともある」と話す。

同校には国際担当の教諭が8人おり，入学時には給食の食べ方や上履きの使い方といったルールを教え，児童を支える。ただ，年間100人以上が帰国などの理由で入れ替わり，教師たちは日々，「文化と言葉の壁」に向き合う。3年生を担任する結城梨恵教諭（39）は多様な児童への対応に悩むこともあるが，「周囲の先生たちと，一緒に取り組める環境もある」ことで助かっている。

文科省によると，日本語力が足りず，特別な指導が必要な外国籍の子どもは2016年5月1日時点で，全国の公立小中高校などに過去最多の3万4335人いた。藤本校長は「国際化への対応を迫られる学校は増えていくだろう」と予想する。（杉原里美，土居新平）

（朝日新聞　2018年1月21日　朝刊より抜粋）

〈小テスト〉

①わが国の少子化対策は（　　　　　　　　　　　）プランから始まった。

②政府は，少子化社会対策大綱の具体的実施計画として（　　　　　　　　　　　）を策定し2005（平成17）年から2009（平成21）年にかけて実施した。

③現在実施中の子育て支援政策は2015（平成27）年から施行の（　　　　　　　　　）新制度である。

④（　　　　　　　　　　）事業は保育者の家庭で乳幼児を保育する制度であり，2008（平成20）年の（　　　　　　　　　　）法改正により，法的に位置づけられた。

⑤児童館は（　　　　　　　　　　）法に規定された（　　　　　　　　　　）施設である。

⑥子どもの虐待者には，（　　　　　）が最も多い。

⑦児童福祉法第4条2では，障害児を（　　　　　）に障害のある児童，（　　　　　）障害のある児童，（　　　　　）に障害のある児童，（　　　　　）の児童としている。

⑧自閉スペクトラム症，注意欠如多動症，学習障害などの障害者を支援する法律として（　　　　　　　　　　）がある。

発展編

1. ひとり親家庭

(1) ひとり親家庭のくらし

母子世帯，父子世帯などのひとり親世帯の割合をみると，2022（令和4）年に母子世帯が全世帯の1.0%，父子世帯が0.1%である[45]。

45) 厚生労働省「2022（令和4）年国民生活基礎調査の概況」，2023

図表4-14　母子世帯になった理由

(%)
100
80
60
40
20
0
1983
1993
2011
2021(年)
死別
離婚
未婚の母

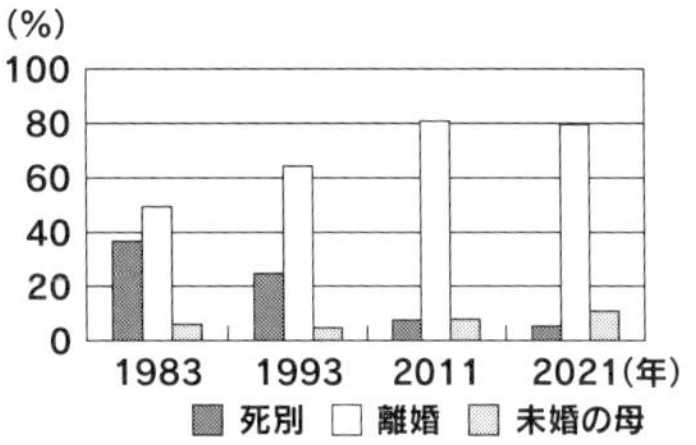

図表4-15
ひとり親世帯になったときの末子の年齢

(%)
40
30
20
10
0
0〜2
3〜5
6〜8
9〜11
12〜14
15〜17
18・19
(歳)
母子世帯
父子世帯

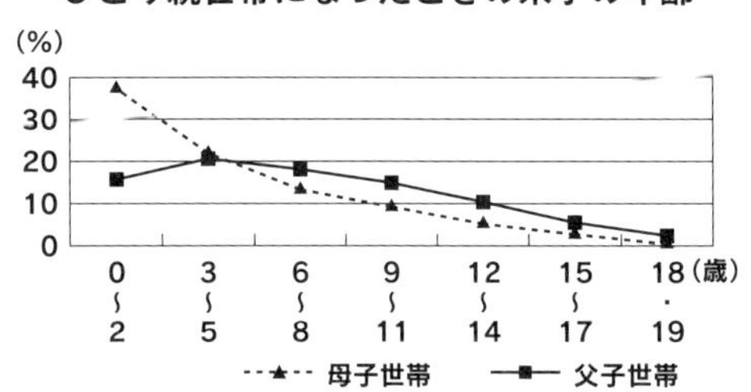

母子世帯になった理由としては離婚が圧倒的に多い。1983（昭和58）年時点では49.1%だったが，昨今では約8割が離婚による。ひとり親になったときの末子の年齢は，母子世帯は0〜2歳が37.4%，3〜5歳が21.9%であり，子ども[46]の平均年齢をみると母子世帯は4.6歳，父子世帯においては7.2歳である[47]。ひとり親世帯で幼児の子育ては大変であろうことが予想される。乳幼児の割合が多いということから，保育所などに母子家庭の割合が多くなることが考えられる。ひとり親世帯の親は，ひとりで子育てをしながら，どのような仕事についているのであろうか。正規の職員・従業員は母子世帯では48.8%，父子家庭では69.9%である。パート・アルバイトは母子世帯では38.8%，父子家庭では4.9%である。

46) 母子及び父子並びに寡婦福祉法では子どもを20歳未満としており，児童福祉法の規定とは異なっている。

47) 厚生労働省「令和3年度全国ひとり親世帯等調査結果報告」，2022，図表4-14〜4-17も同報告書より作図。

図表4-16　ひとり親家庭の就業状況

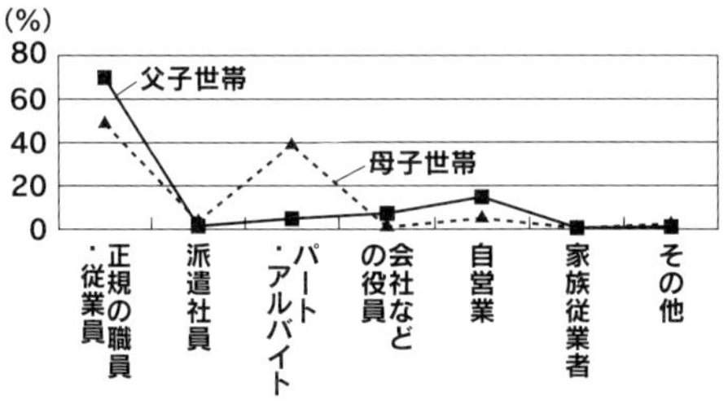

(%)
80
60
40
20
0
父子世帯
母子世帯
正規の職員・従業員
派遣社員
パート・アルバイト
会社などの役員
自営業
家族従業者
その他

図表4-17　ひとり親家庭の収入

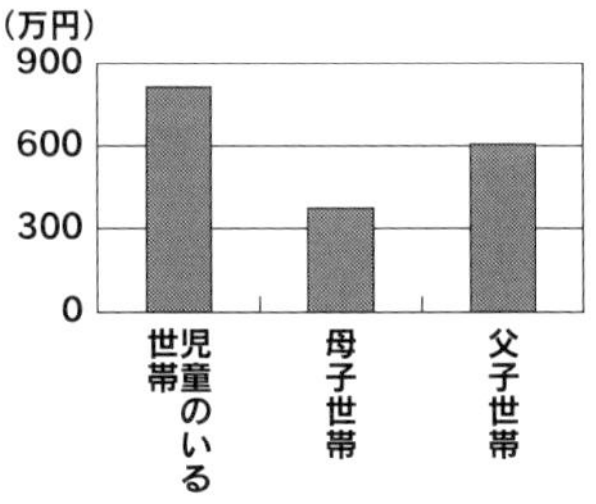

(万円)
900
600
300
0
児童のいる世帯
母子世帯
父子世帯

母子家庭における問題は経済問題として語られる場合が多いが，2020（令和2）年の母子世帯の平均収入は373万円，父子世帯の平均収入は606万円であり，児童のいる世帯の813.5万円と比較すると少ない[48]。一旦仕事をやめた女性が一家を支える十分な収入を得ることはわが国の現状では難しい。男女平等の社会といっても，女性に厳しい経済環境があることが感じられる。このようなことからも，母子家庭は支援対象として考える必要が生じてくる。父子家庭の収入はやや低いといえるが，父子家庭の課題は父親のみによる子育てや家事なども大きい。

48）図表4-17の「児童のいる世帯」は，「令和3年国民生活基礎調査」の平均所得金額。

(2) ひとり親家庭を支援する仕組み

母子・父子福祉施設

母子・父子家庭の福祉をはかることを目的としている母子及び父子並びに寡婦福祉法では，母子・父子福祉施設として，母子・父子福祉センター，母子・父子休養ホームについて規定している。

母子及び父子並びに寡婦福祉法　第39条

2　母子・父子福祉センターは，無料又は低額な料金で，母子家庭等に対して，各種の相談に応ずるとともに，生活指導及び生業の指導を行う等母子家庭等の福祉のための便宜を総合的に供与することを目的とする施設とする。

3　母子・父子休養ホームは，無料又は低額な料金で，母子家庭等に対して，レクリエーションその他休養のための便宜を供与することを目的とする施設とする。

母子・父子福祉センターでは，簿記やパソコンなどの技能や資格がとれる講座を開いて自立を促進したり[49]，ヘルパー派遣などを行ったりしている[50]。

2012（平成24）年には「母子家庭の母及び父子家庭の父の就業の支援に関する特別措置法」で母子・父子家庭の母親の就業を促進する方針になっている。

49）母子家庭等就業・自立支援事業

50）ひとり親家庭等日常生活支援事業（母子家庭等日常生活支援事業）

2. 子どもと食育

(1) 子どもと食事

食事は子どもの心と体を育てる。そればかりではなく，食事には，**生活文化伝承**という意味もある。家族は食事の仕方を通じてマナーや食文化を伝え，食事中の会話を通じて社会のあり方を伝えている。その食事時間を子どもはどのように過ごしているのであろうか。

①孤食

孤食が問題視されてきたが，夕食を家族と一緒に食べている回数が週に2〜3日の子どもが多い。

考えてみよう

あなたは週に2〜3日家族一緒に食事するのは多いと感じますか。それとも少ないと感じますか。それはどうしてですか。

②朝食

毎日朝食を食べている子ども（小6・中3）が7〜8割を占めている。朝食を食べている子どもは昭和60年代から高い割合で推移している。

51）国立教育政策研究所「令和5年度全国学力・学習状況調査報告書」，2023

図表4－18 「朝食を毎日食べているか」に対する回答の割合[51]

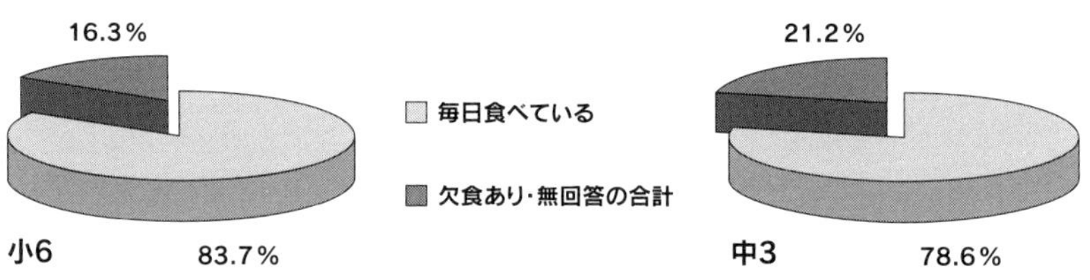

一方，20代の男性の29.2%，女性の35.7%が朝食を食べていないことがわかっている[52]。

52）厚生労働省「令和元年度国民健康・栄養調査の概要」，2020

考えてみよう

あなたは毎日朝食を食べていますか。食べていませんと答えた人は，その習慣はいつごろからのものですか。

③食事と家族

食育に関する意識調査[53]からみると，家族と同居している人のうち，「ほとんど毎日」家族と一緒に朝食を食べる人の割合が48.1%，「週に4～5日」が5.7%，「週に2～3日」が11.0%，「週に1日程度」が7.8%，「ほとんどない」が26.1%である。「ほとんど毎日」について，2017（平成29）年調査報告から追ってみると，朝食を家族と一緒に食べている人は約半数から6割程度で推移している。週の半分以上家族と一緒に朝食を食べていない人が4割程度いる。

夕食についてみると，2023（令和5）年報告では，家族と同居している人のうち，「ほとんど毎日」家族と一緒に夕食を食べる人の割合が68.7%，「週に4～5日」が11.6%，「週に2～3日」が10.5%，「週に1日程度」が2.7%，「ほとんどない」が5.2%となっている。

朝食と夕食とを比較してみると，「ほとんど毎日」（朝48.1%⇔夕68.7%），「週に4～5日」（朝5.7%⇔夕11.6%）と一緒に食べる割合が夕食の方が多い。「ほとんどない」についても，朝食は26.1%であるが，夕食は5.2%である。

53）農林水産省「食育に関する意識調査報告書」，2023，図表4-19，4-20も同報告書より。

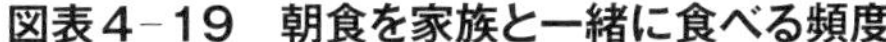
図表4-19　朝食を家族と一緒に食べる頻度

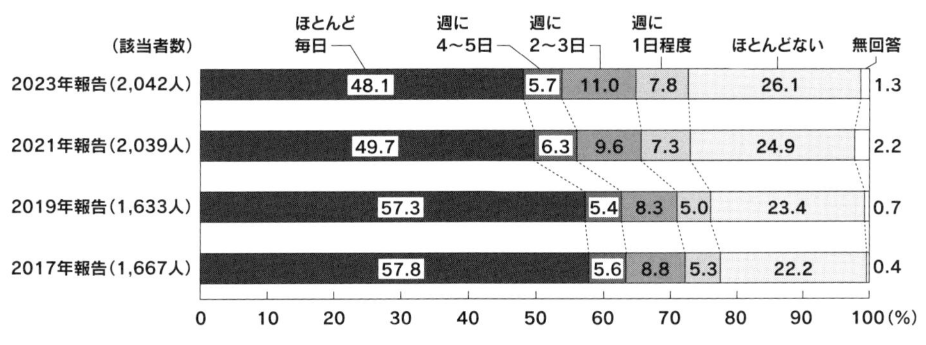

図表4-20　夕食を家族と一緒に食べる頻度

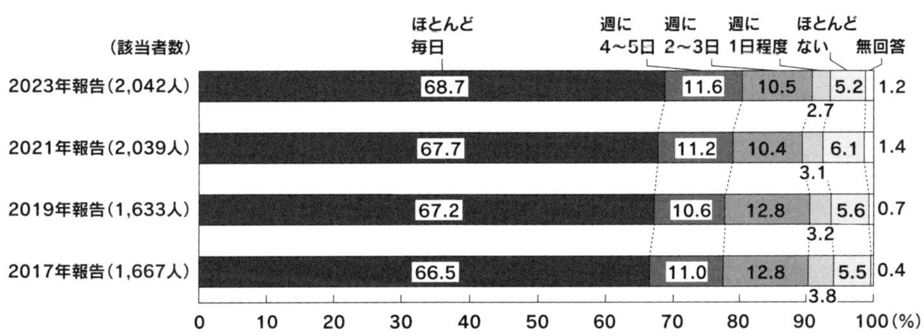

(2) 食事と施策

わが国では2005（平成17）年に**食育基本法**が制定された。食育基本法では，食育に関して基本理念を定めるとともに，国，地方公共団体などの責務，子どもの食育における保護者，教育関係者などの役割などを示している。この法律では，国をあげた食に関する意識喚起と行動を各分野に求めている。子どもたちの豊かな人間性を育み，生きる力を身につけていくために，「食」に関する知識と「食」を選択する力を得て，健全な食生活を実践することができるような具体的な取り組みを促進するための法律であるといえる。

子どものころの食習慣育成は大切である。厚生労働省は，乳児期の食事を「子どもと親を結ぶ絆」，幼児期の食事を「食習慣の基礎づくり」，学童期の食事を「食習慣の完成期」と意味づけている[54]。また，食育基本法に基づき食育推進会議（農林水産省）による食育推進基本計画[55]が策定され，施策の方針や目標について定めている。

54） 厚生労働省「健康づくりのための食生活指針（対象特性別の指針）」，1990

55） 第4次食育推進基本計画では，2021～2025年度の5年間の取組について示している。

食育基本法（平成17年6月成立）

（目的）

第1条　この法律は，近年における国民の食生活をめぐる環境の変化に伴い，国民が生涯にわたって健全な心身を培い，豊かな人間性をはぐくむための食育を推進することが緊要な課題となっていることにかんがみ，食育に関し，基本理念を定め，及び国，地方公共団体等の責務を明らかにするとともに，食育に関する施策の基本となる事項を定めることにより，食育に関する施策を総合的かつ計画的に推進し，もって現在及び将来にわたる健康で文化的な国民の生活と豊かで活力ある社会の実現に寄与することを目的とする。

（国民の心身の健康の増進と豊かな人間形成）

第2条　食育は，食に関する適切な判断力を養い，生涯にわたって健全な食生活を実現することにより，国民の心身の健康の増進と豊かな人間形成に資することを旨として，行われなければならない。

（食に関する感謝の念と理解）

第3条　食育の推進に当たっては，国民の食生活が，自然の恩恵の上に成り立っており，また，食に関わる人々の様々な活動に支えられていることについて，感謝の念や理解が深まるよう配慮されなければならない。

（食育推進運動の展開）

第4条　食育を推進するための活動は，国民，民間団体等の自発的意思を尊重し，地域の特性に配慮し，地域住民その他の社会を構成する多様な主体の参加と協力を得るものとするとともに，その連携を図りつつ，あまねく全国において展開されなければならない。

（子どもの食育における保護者，教育関係者等の役割）

第5条　食育は，父母その他の保護者にあっては，家庭が食育において重要な役割を有していることを認識するとともに，子どもの教育，保育等を行う者にあっては，教育，保育等における食育の重要性を十分自覚し，積極的に子どもの食育の推進に関する活動に取り組むこととなるよう，行われなければならない。

(3) 食育と保育所保育指針

食育については保育所保育指針においても丁寧に扱われており，保育所保育指針では，食事を通じて健康な生活を培うことを目標として，保育のなかで食育を実践していくことが求められている。その際には，子どもの生活と遊びのなかで食育を行うことや，保育の計画に食育の計画を位置づけること，保育環境への配慮，特別な支援を必要とする子ども一人ひとりへの食育の対応と他の専門職との連携などが求められている。

保育所保育指針　第3章　健康及び安全

2　食育の推進

(1) 保育所の特性を生かした食育

ア　保育所における食育は，健康な生活の基本としての「食を営む力」の育成に向け，その基礎を培うことを目標とすること。

イ　子どもが生活と遊びの中で，意欲を持って食に関わる体験を積み重ね，食べることを楽しみ，食事を楽しみ合う子どもに成長していくことを期待するものであること。

ウ　乳幼児期にふさわしい食生活が展開され，適切な援助が行われるよう，食事の提供を含む食育計画を全体的な計画に基づいて作成し，その評価及び改善に努めること。栄養士が配置されている場合は，専門性を生かした対応を図ること。

(2) 食育の環境の整備等

ア　子どもが自らの感覚や体験を通して，自然の恵みとしての食材や食の循環・環境への意識，調理する人への感謝の気持ちが育つように，子どもと調理員等との関わりや，調理室など食に関わる保育環境に配慮すること。

イ　保護者や地域の多様な関係者との連携及び協働の下で，食に関する取組が進められること。また，市町村の支援の下に，地域の関係機関等との日常的な連携を図り，必要な協力が得られるよう努めること。

ウ　体調不良，食物アレルギー，障害のある子どもなど，一人一人の子どもの心身の状態等に応じ，嘱託医，かかりつけ医等の指示や協力の下に適切に対応すること。栄養士が配置されている場合は，専門性を生かした対応を図ること。

第5章
現代の子ども家庭福祉の課題と展望

基礎編

1. 子ども家庭福祉の動向と展望
2. 保育・教育・療育・保健・医療との連携とネットワーク
3. 諸外国の動向

発展編

1. 子どもの権利と家族を護る
2. 保育所の社会的責任

基礎編

1．子ども家庭福祉の動向と展望

(1) 次世代育成支援と子ども家庭福祉の推進

①次世代育成支援対策推進法の延長

2023（令和5）年3月末時点で103,927社（従業員数101人以上の企業の99.0％）が次世代育成支援行動計画を策定し，4,131社の企業が認定を取得している。厚生労働省によれば，次世代法施行前後で合計特殊出生率，女性の就業率，男女の育児休業取得率，正規社員の第一子出産後の継続就業状況，制度の規定状況等を比較すると，全体的に改善しているという[1)]。次世代育成支援対策推進法の効果はみられるものの，全体に波及するまでには至っていない。子育てサポート企業として認定を受ける「くるみん」マークの効果もみえているが，取得企業が大変に多いわけではない。このようなこともあり，同法について2014（平成26）年4月に改正法が成立し，2025年3月31日まで10年間の延長が決まった。

1）「次世代育成支援対策推進法に基づく一般事業主行動計画及び認定制度に係る効果検証研究会」報告書，厚生労働省，2013

②次世代育成支援対策推進法の効果

次世代育成支援対策の行動計画を策定した企業のうち，行動計画の目標を達成し，一定の基準を満たした企業は，「子育てサポート企業」として厚生労働大臣の認定（くるみん認定）を受けられる。くるみん認定をすでに受け，支援の制度の導入・利用が進み，質の高い取り組みを行っている企業を評価し継続的に取り組んでいくようにするため，2015（平成27）年4月1日より新たにプラチナくるみん認定が始まった。また，2022（令和4）年には認定基準が引き上げられ，これに伴い「トライくるみん」[2)]が創設されている。さらに，不妊治療と仕事の両立支援に積極的に取り組

2）トライくるみんの認定基準は，令和4年度改正前のくるみん認定と同様である。

くるみん　プラチナくるみん　くるみんプラス

み一定の基準を満たした場合は各種くるみんに「プラス」認定が追加される。

くるみん認定を受けると，「くるみんマーク」を自社の広告や商品に表示できる。これにより，子育て支援を積極的に行っている企業であることを社会に示すことができ，会社のイメージアップにもつながる。

プラチナくるみん認定を取得した企業は，行動計画策定と届出義務が免除される。その代わりに，毎年１回以上，厚生労働省の「両立支援のひろば」に以下の事項を公表することになる。

①男性の育児休業等取得に関する事項
②女性の育児休業等取得に関する事項
③3歳から小学校就学前の子を育てる労働者のための短時間勤務制度等の措置の内容
④所定外労働の削減や年次有給休暇の取得促進のための取組など，働き方の見直しに資する多様な労働条件の整備に関する措置の内容
⑤女性の継続就業に関する事項
⑥育児をしつつ活躍する女性を増やすための取組として，女性労働者の能力向上やキャリア形成のための支援などの取組内容と実施状況

上記の施策をみてわかるように，保育は完全にサービスと位置づけられている。子ども家庭福祉からサービス提供に変わったときに，子どもの最善の利益の視点がなくならないように保育士による配慮がなおいっそう求められるであろう。

(2) 子ども・若者への支援

2010（平成22）年4月1日に子ども・若者育成支援推進法が施行された。その背景には有害情報の氾濫等，子ども・若者をめぐる環境の悪化，ニート，ひきこもり，不登校，発達障害など，子ども・若者の抱える問題が深刻化していることがある。子ども・若者育成支援推進法を通じて，社会生活を円滑に営むうえでの困難を有する子ども・若者を支援するためのネットワーク整備をする。国は子供・若者育成支援推進大綱（こども基本法施行に伴い，こども大綱へ一元化）を示し，これを勘案して地方公共団体である都道府県や市町村が「子ども・若者計画」を作成するよう求められている。

(3) 子育て家庭への支援の動向

①乳児家庭全戸訪問事業

地域の子育て支援の拠点づくりでは，主として自ら出向くことが可能な親子を対象にしている。

しかし，家に閉じこもって悩んでいる親や，子どもをつれて外に出るきっかけがつかめない親に対する支援が課題となっている。乳児家庭全戸訪問事業[3]はそのような親を把握するための事業である。

乳児家庭全戸訪問事業は，生後4か月を迎えるまでの乳児のいるすべての家庭を訪問し，育児に関する相談を聞いたり，話をしたりすることにより，児童虐待の予防や子どもをもった親が地域社会とかかわるきっかけを提供しようという試みである。市町村により運営され，**愛育班員**や**母子保健推進員**[4]，保育士，主任児童委員，子育て経験者などが家庭訪問をする。家庭訪問の際に子育てに課題があると考えられた家庭には養育支援訪問事業でより専門的な支援をする。

3) 通称は，「こんにちは赤ちゃん事業」。

4) 母子保健推進員とは担当地区の家庭訪問，母子保健制度についての普及・説明や妊娠中の心配事，育児の相談，子育てひろばの運営など地域のなかで母子保健の活動をするボランティアで，各地で市町村から委嘱を受けた住民が活動している。

②養育支援訪問事業

養育支援訪問事業は，子育てについて支援が必要な家庭を訪問して育児・家事の援助などを実施することなどを目的としている。その対象家庭は，以下である。

- 出産後間もない時期に，育児ストレス，産後うつ病などにより，子育てに不安や孤立感などを抱いている家庭
- 妊娠期から継続的に支援が必要な家庭
- ひきこもりなど家庭養育上の問題を抱える家庭
- 子どもが児童養護施設等を退所または里親委託の終了後の自立へのアフターケアが必要な家庭
- 子どもの心身の発達に障害が起こる可能性がある子どものいる家庭

支援内容は以下のとおりである。

(1) 家庭内での育児に関して，子育て経験者やヘルパーまたは保健師，保育士，助産師等による具体的な援助をする。

- 産褥期（さんじょくき）[5]の母子に対する保育指導や簡単な家事等の援助
- 未熟児や多胎児等に関する育児指導，栄養指導
- 保護者に対する身体的・精神的不調に対する相談・指導
- 若い養育者に対する保育相談や指導
- 子どもが児童養護施設等を退所または里親委託の終了後にアフターケアを必要とする家庭などに対する養育相談・支援

5) 出産したあとに母親の身体がまだ回復しない期間（産後6～8週間）。

(2)家庭における指導が必要な場合には，理学療法士[6)]等を派遣して，家庭の状況に合った発達指導をする。

6)　身体障害の回復や社会復帰に向けて，リハビリテーションを行う国家資格の専門職。

③幼児教育・保育の無償化

2017（平成29）年12月に幼児教育・保育の無償化が閣議決定された(2019年10月から実施)。

0～2歳（未満児）の場合は住民税非課税世帯のみ対象で，認可保育所や認定こども園などが無償化される。認可外施設などの利用に関しては条件があり，認可施設，認可外施設ともに金額に上限がある。

3歳以上児については，全世帯が幼児教育・保育無償化の対象になる。無償化対象施設は認可保育所，認定こども園と幼稚園，幼稚園の預かり保育である。ただし，幼稚園の利用と保育の必要性を認定されていない場合の認定こども園の利用については，上限額以上が自己負担となる。認可外施設や幼稚園の預かり保育は，保育の必要性を認定された場合は対象となるが，やはり金額の上限がある。

2. 保育・教育・療育・保健・医療との連携とネットワーク

保育所や児童福祉施設を利用している子どもとその家族が多くの社会資源とつながれるように支援していくことが求められる。そのためには，支援者が日ごろから地域のネットワークづくりに協力していく必要がある。

子どもや家族の課題に対応するときには，ひとつの機関のみで保護者支援の役割を抱え込まないことが大切である。地域には保育・教育・療育・保健・医療にかかわる専門機関や協力する住民がいる。ほかの社会資源や関係者と連携して実践することは，支援者の負担を軽くするだけでなく，保護者にとっても適切な支援を得るために必要である。

(1)教育との連携

保育所保育指針の以下の規定により，保育所児童保育要録を保育所から小学校に送付することが義務づけられている。保護者の理解を得て子どもの最善の利益のために役立つ情報を提供することが求められている。保育所保育指針には「小学校との連携」について，以下のように示されている。

保育所保育指針　第2章　4

(2)　小学校との連携

ア　保育所においては，保育所保育が，小学校以降の生活や学習の基盤の育成につながることに配慮し，幼児期にふさわしい生活を通じて，創造的な思考や主体的な生活態度などの基礎を培うようにすること。

イ　保育所保育において育まれた資質・能力を踏まえ，小学校教育が円滑に行われるよう，小学校教師との意見交換や合同の研究の機会などを設け，第1章の4の（2）に示す「幼児期の終わりまでに育って欲しい姿」を共有するなど連携を図り，保育所保育と小学校教育との円滑な接続を図るよう努めること。

ウ　子どもに関する情報共有に関して，保育所に入所している子どもの就学に際し，市町村の支援の下に，子どもの育ちを支えるための資料が保育所から小学校へ送付されるようにすること。

(3)　家庭及び地域社会との連携

子どもの生活の連続性を踏まえ，家庭及び地域社会と連携して保育が展開されるよう配慮すること。その際，家庭や地域の機関及び団体の協力を得て，地域の自然，高齢者や異年齢の子ども等を含む人材，行事，施設等の資源を積極的に活用し，豊かな生活体験をはじめ保育内容の充実が図られるよう配慮すること。

(2) 療育との連携

看護師は，乳児院，重症心身障害児の施設といった福祉施設に配置されている。近年，保育所に看護師が配置されることも珍しくない。

身体障害児の療育にかかわる理学療法士は，障害児の基本的身体運動機能（腕や足などの動作機能）の改善と社会参加を支援する専門職である。障害児の生活支援のために環境調整や在宅ケア（訪問リハビリ）や障害の重度化の予防もする。

作業療法士は，医師の指示のもと，障害児の作業活動を支援したり，運動療法を用いて社会参加を支援するための治療・指導・援助を行う。

言語聴覚士は障害児の言葉，摂食・嚥下（えんげ）の問題に専門的に対応する方法をみつけるために検査や評価を実施し，訓練，指導，助言，その他の支援を行う。

保育士は，近接領域のこのような専門職と連携しながら実践していく必要がある。

(3) こども家庭センター

2022（令和4）年の児童福祉法改正（施行は令和6年）により，子ども家庭総合支援拠点と子育て世代包括支援センターが見直され，**こども家庭センター**の設置が市町村の努力義務となった。

こども家庭センターは，すべての妊産婦・子育て世帯・子どもの福祉に関する包括的な支援を行うことを目的としている。主な機能・役割は以下のとおりである。

・家庭からの相談に応じる。
・支援が必要な子どもや妊産婦等への支援計画（サポートプラン）を作成する。
・関係機関との連絡調整をする。
・子ども及び妊産婦の福祉，子どもの健全育成に資する支援を円滑に行うための体制を整備する。
・地域子育て相談機関（保育所，認定こども園，地域子育て支援拠点事業を行っているところなどで，市町村が認めるもの）との連携を密接に図る。

3. 諸外国の動向

海外の取り組み事例をみてみよう。合計特殊出生率が上昇した国の施策があれば，少子化対策という視点からそれをすぐに真似しよう，という発想がわが国にはある。しかし，子どもを育てる環境は国の文化を含む様々な事象の影響を受けるので，海外の施策をそのまま真似て効果をあげることは難しいであろう。子どもが幸せに育つ環境をどうつくるかという視点から，海外での多様な取り組みを参考にしつつ，わが国の子ども家庭福祉の今後の展開を考えるべきである。

(1) フランス

①多様な生活スタイルに合わせた支援

フランスでは，多様な保育方法で子どもを受け入れる枠を大幅に増加させている。一方では，保育費の負担減にも取り組んでいる。乳幼児受け入れ手当（PAJE）が2003年に創設され，幼児をもつ家族の90%が使っている。わが国と異なり，育児手当を受け取る方法をそれぞれの保護者が自分の生活スタイルや育児の考え方に応じて選ぶことができる。

乳幼児受け入れ手当（PAJE）は大きく2つに分かれる。

基礎手当（妊娠7か月目には出産手当，子どもが3歳になるまで毎月支給）

「自由選択」補足手当

「自由選択」補足手当には2つのタイプがある。

- 自由選択補足手当（保育所や保育アシスタントに子どもを預ける場合に支給される）
- 就業自由選択補足手当（保護者が子育てのために職業活動を一部もしくは完全に停止している世帯に支給される）

②子育て支援の場

みどりの家

フランスのパリ市15区にあるみどりの家は，フランスの精神科医フランソワーズ・ドルト[7]により0～3歳の子どもとその親を対象とした予防的実践に焦点をあてて1979年に創設された。以後，ドルトの考えに共感した専門職たちにより，みどりの家の実践は広まっている[8]。

みどりの家は地域のなかで子どもの社会化や母子分離への支援をしている。精神分析家の活動の場ともなっておりカウンセリング的なかかわりをしている。

7) フランソワーズ・ドルト（1908-1988），1969年に「子どもが登場する時」というラジオ番組に出演し，子育て相談に応ずることを通じて，メディア的な成功をおさめた。彼女は，地域における親と子の精神病予防の必要性を説き，0～3・4歳の子どもの社会化の場として，みどりの家をパリ市15区に設立した。

8) フランスにあるみどりの家は，それぞれ自立しており，1901年の法律（アソシアション法）のもとに，組織されており，通常，国の資金で運営されている。

みどりの家は相談の場ではない。お楽しみのプログラムも用意されていない。みどりの家における専門職の活動には以下のような特徴がある。

・みどりの家には，精神科医，精神分析家，保育士など，専門性の異なる男女の専門職が交代で3人ずつ常駐している。

・ここで活動する者は専門職としてほかの仕事についており，社会活動として週1回程度みどりの家での実践をしている。

専門職は親子が自然に遊ぶ状態を見守っており，必要に応じてかかわっていく。このように，みどりの家はノンプログラム型のひろば活動における相談事業のあり方へのヒントをくれる活動である。

＊ Column ＊

わが国のみどりの家

わが国唯一のみどりの家が福岡市早良区にある。ここでは，家庭的な雰囲気のなかで地域の親子を受け入れ，親子の社会化を支援している。主宰者はフランスで精神分析を学んだ大原青子さんである。エミール保育園の敷地内にあり，同保育園のモンテッソーリ教育とみどりの家の方式を融合させて取り組んでいる。

青い木（地域の子育て支援施設）

フランスのパリ市の有色人種が多い地域にある子育てひろばである。フランス語が不自由だったり，情報が得られなかったりするアフリカ系の親子の居場所となっている。カウンセラー，福祉専門職，保育専門職など他職種が協働して親子が子育てに行き詰まらないように友だちづくりや情報提供，子育ての方法モデル提示などを通じた支援をしている。

パリ市は居住区により，生活階層がはっきり分かれている。「青い木」がある18区に居住する住民は様々な人種である。「青い木」設立前は，この地区の育児中の人が知り合ったり子育てについて話したりする場所はなかった。アフリカ諸国からフランスに移民し，この町で子どもが生まれ，友人もできず部屋のなかで孤独な子育てをしているような母親が多く住んでいた。「青い木」は，上記のような地域ニーズを受け，医師と社会福祉専門職により1991年に開設された[9)]。青い木は多様な専門職が協力し合いながら課題が多い家族を地域で支援するひろばのあり方を示唆している。

9）「青い木」への共同訪問（浅古照美・石井栄子・吉田眞理）によるフランスパリ市18区「青い木」の調査（2005年3月／2回実施）からまとめた。

(2) イギリス

①アウトリーチする子ども家庭支援

1999年に始まったシュアスタートプログラムでは，シュアスタート・チルドレンズセンターで支援が実施されている。たとえば，女性は妊娠した時点でシュアスタート・チルドレンズセンターに登録し，出産後も継続して支援を受けられる。また同センターでは，地方自治体が要支援と判断した家族についてアセスメントシートを使って支援計画を立てる。センターにはファミリーアウトリーチワーカーも配置されており，支援対象の家庭を訪問して親支援を行っている[10)]。

10) 中嶋和夫『世界の子どもの貧困対策と福祉関連QOL：日本，韓国，イギリス，アメリカ，ドイツ』学文社，2018

②育児休暇

イギリスでは2002年に父親休暇が制度化された。現在では両親休暇制度となり，父親，母親ともに交替するなどして育児休暇を取ることができる。また，子どもの状況に合わせて柔軟な働き方を請求する権利も認められていて，母親に偏らない育児休暇取得が推奨されている。学校の学期中のみ働くことを選択している家庭もある[11)]。

11) 自治体国際化協会『自治体国際化フォーラム』304号，2015

(3) フィンランド

①出産・子育て支援センターのネウボラ（neuvola）

フィンランドでは，ネウボラと称する支援の仕組みが整備されている。ネウボラとは，ネウボ（neuvo）つまり相談をする場所であり，フィンランドの自治体が運営している。妊娠，出産から子どもが6歳になるまで家族を継続的に支援するという，ワンストップのセンターである。各家族に保健師，助産師の担当者がつき，対話を大切にしながら妊娠期からサービスを提供する。このようにして利用者と支援者の信頼関係を構築している。

図表5-1　ネウボラの継続的支援

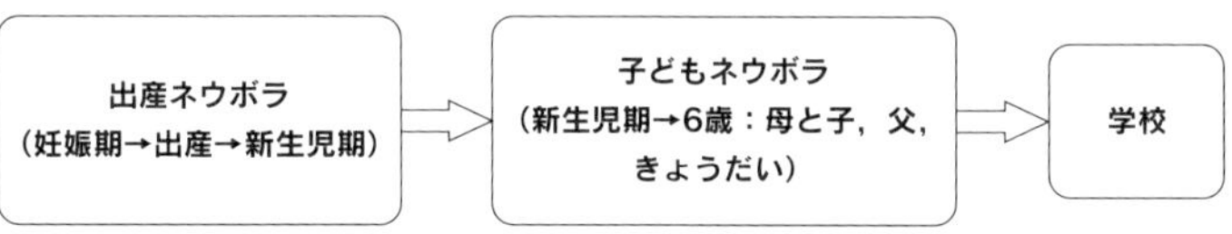

②子育て家族への支援

国から支給される母親手当は，国籍を問わず，定住してネウボラなどでの妊婦検診を受診していれば妊娠中に申請できる。母親手当は，親とネウボラとをつなぐ役割を果たしている。手当の形式は2種類あり，育児パッケージまたは現金のどちらかを選ぶことができるが，内容が魅力的なため育児パッケージを選ぶ母親が多い。

フィンランドでは，1973年の子ども保育法で保育・幼児教育サービスの提供が市町村に義務づけられた。同国では保育（仕事と子育ての両立支援）と幼児教育が一体化しており，教育課程修了者とケア職の専門課程修了者が働いている。ネウボラでは保育施設と連携して家族の状況を把握している。

〈小テスト〉

①生後４か月を迎えるまでのすべての子どもの家庭を訪問する乳児家庭全戸訪問事業の別名は（　　　　　　　　　　　）である。

②乳児家庭全戸訪問事業で子育てに課題があると考えられた保護者には，（　　　　　　　　　　　）で支援が行われる。

③若者のひきこもりやニート化という社会状況を受けて，（　　　　　　　　　　　）推進法が策定された。

発展編

1. 子どもの権利と家族を護る

(1) 児童の権利に関する条約と家族

児童の権利に関する条約に記された子どもの権利と家族に関するわが国の現状について事例を通じて考えてみよう。

〈条約第2条2〉

「締約国は，児童がその父母，法定保護者又は家族の構成員の地位，活動，表明した意見又は信念によるあらゆる形態の差別又は処罰から保護されることを確保するためのすべての適当な措置をとる。」

Aくんの事例[12)]

小学2年生のAくんの両親は近所で「変わり者」と言われている。Aくんの両親は人付き合いをしないし，学校の保護者会にも来たことがない。Aくんの住んでいる地域には子ども会がある。今日は子ども会の焼き芋大会である。学校の友だちは放課後，ひろばに集まる話で盛り上がっているが，Aくんは寂しそうだ。Aくんは以前，子ども会の役員から，「君の親は行事の手伝いをしたことがないだろ？」とみんなの前で言われた。それ以来，子ども会の行事に参加しにくくなっているのだ。

12) **【事例を考える視点】** 子育ての社会化とは子どもを保育所等で預かったり，子育て支援活動をしたりすることだけではなく，児童の権利に関する条約に則り，子どもの立場に立って，大人が子どもを差別なく世話することも含まれている。

〈条約第9条3〉

「締約国は，児童の最善の利益に反する場合を除くほか，父母の一方又は双方から分離されている児童が定期的に父母のいずれとも人的な関係及び直接の接触を維持する権利を尊重する。」

Bさんの事例[13)]

中学生のBさんの両親は離婚している。Bさんはお父さんが大好きなのだが，それ以来会えなくなっている。Bさんの母親はBさんの父親を憎んでおり，「会ったら絶対に許さないからね」といつも言われている。父親は離婚してすぐに別の女性と再婚したので，Bさん自身も会いにくい気持ちはある。しかし，大好きなお父さんと話がしたくて，時々涙がこぼれることがある。

13) **【事例を考える視点】** わが国では離婚した親と別居している子どもが会えない傾向があるが，児童の権利に関する条約に照らしてみれば子どもの立場から親との面会，通信を確保する必要がある。

〈条約第31条1〉

「締約国は，休息及び余暇についての児童の権利並びに児童がその年齢に適した遊び及びレクリエーションの活動を行い並びに文化的な生活及び芸術に自由に参加する権利を認める。」

Cくんの事例[14)]

Cくんは小学4年生だ。Cくんの両親はCくんを水泳の選手にしようと考えていて，毎日Cくんが3時間以上練習しないと許してくれない。Cくんは友だちと一緒にボール遊びをしたり，公園に行ったりしたいができない。両親は「Cのためだ」「夢がかなえば幸せになれる」と口癖のように言っている。Cくんはそれに逆らうことができない。

14）【事例を考える視点】
子どもは子どもらしい体験をすることにより，自分の人生の基盤をつくったり人生の選択肢を広げたりすることができるようになる。

2. 保育所の社会的責任

①保育所保育指針

保育所保育指針は2008（平成20）年の改定以降，法律上規範性のある大臣告示となった。

保育所保育指針では保育所を社会状況のなかに位置づけ，児童福祉施設としての責任と位置づけを示している。

保育所保育指針　第1章　総則　1

（5）保育所の社会的責任

ア　保育所は，子どもの人権に十分配慮するとともに，子ども一人一人の人格を尊重して保育を行わなければならない。

イ　保育所は，地域社会との交流や連携を図り，保護者や地域社会に，当該保育所が行う保育の内容を適切に説明するよう努めなければならない。

ウ　保育所は，入所する子ども等の個人情報を適切に取り扱うとともに，保護者の苦情などに対し，その解決を図るよう努めなければならない。

このように，子どものアドボカシー（人権擁護）とアカウンタビリティ（説明責任），地域福祉を担うネットワーク形成についての記述があり，福祉施設としての保育所の社会的責任が示されている。

②保育所の子育て支援の機能と特性

保育所は，日々子どもが通い継続的に子どもの発達援助を行うことができる，送迎時を中心として毎日保護者と接触がある，保育所保育の専門職である保育士をはじめとして各種専門職が配置されている，といった特性がある。また，災害時なども含め，子どもの生命・生活を護り，保護者の就労と自己実現を支える社会的使命を有している。さらに保育所は公的施設として，様々な社会資源との連携や協力が可能である。

被災親子のオアシスに

育児相談や情報交換も

「豪雨災害の被災者や行き場のない親子のストレス解消を」と，防府市田島のきんこう保育園（島田教明園長）は園庭と園内の子育て支援センター・プレールームを一般の親子に開放している。普段は登録者しか利用できない施設だ。園の保育士が2，3人常駐し，簡単な育児相談や母親同士の情報交換の場としても活用されている。

島田園長によると，一般開放を始めたのは7月29日から。豪雨災害で被災した園児の母親の「ここ（園）に来られてほっとした」との一言がきっかけだったという。夏休み時期は各公共施設で工作教室なども開かれているが，大半が小学生以上が対象。乳幼児の親子連れが参加できるものが少なく，特に午後から小さい子供たちの行き場がない。こうした現状を考慮して，初の試みで平日の午後1時半から3時半まで開放することにした。

（山口新聞　2009年8月15日　朝刊より抜粋）

③子育てなどに関する相談や助言の特長

保育所のソーシャルワーク機能

ソーシャルワークやカウンセリングなどの知識や技術を活用したり，専門職として親子のプライバシーの保護及び秘密保持を確実に行うことができる。

虐待に対応する場合は，その通告をした人の名前や要保護児童対策地域協議会での話し合いの内容について，秘密保持義務を確認したうえで取り組む必要がある[15]。

15）地域協議会では，守秘義務等を説明し，児童虐待等の事例について，「どこまで話をしていいのか」という不安を解消する。逆に，守秘義務に違反した場合の罰則等についても説明しておく必要がある。

地域の関係機関などとの連携・協力

保育所のみで保護者支援の役割を抱え込まず，ほかの社会資源や関係者と連携することができる。とくに保育所が連携すべき機関としては，児童相談所，福祉事務所，市町村相談窓口，市町村保育担当部局，市町村保健センター，児童委員・主任児童委員，療育センター，教育委員会などがある。

地域における子育て支援の内容

保育所利用の親子以外の地域の子育て家庭への支援拠点として，保育所には以下の機能が求められている。

・子育て家庭への保育所機能の開放（施設及び設備の開放，体験保育など）
・子育てなどに関する相談や援助の実施
・子育て家庭の交流の場の提供及び交流の促進
・地域の子育て支援に関する情報の提供

参考文献

・フィリップ・アリエス／杉山光信・杉山恵美子 訳『「子供」の誕生：アンシァン・レジーム期の子供と家族生活』みすず書房，1980

・藤井ニエメラみどり『安心・平等・社会の育み フィンランドの子育てと保育』明石書店，2007

・藤井常文『留岡幸助の生涯：福祉の国を創った男』法政出版，1992

・二葉保育園 編『二葉保育園八十五年史』二葉保育園，1985

・Garbarino, J. *Children and families in the social environment,* Aldine de Gruyter, 1992

・花村春樹 訳著『「ノーマリゼーションの父」N・E・バンク–ミケルセン：その生涯と思想』ミネルヴァ書房，1998

・ロジャー・ハート／IPA日本支部 訳『子どもの参画：コミュニティづくりと身近な環境ケアへの参画のための理論と実際』萌文社，2000

・池上彰『日本の大課題 子どもの貧困：社会的養護の現場から考える』筑摩書房，2015

・井上繁『共創のコミュニティ：協働型地域づくりのすすめ』同友館，2002

・糸賀一雄『福祉の思想』日本放送出版協会，1968

・自治体国際化協会『自治体国際化フォーラム』304号，2015

・厚生労働省「要保護児童対策地域協議会（子どもを守る地域ネットワーク）スタートアップマニュアル」，2007

・村田茂『高木憲次』一番ヶ瀬康子・津曲裕次 編「シリーズ 福祉に生きる」大空社，1998

・室井力 編『住民参加のシステム改革：自治と民主主義のリニューアル』日本評論社，2003

・中嶋和夫『世界の子どもの貧困対策と福祉関連QOL：日本，韓国，イギリス，アメリカ，ドイツ』学文社，2018

・関口裕子 ほか『家族と結婚の歴史』森話社，2000

・髙橋睦子『ネウボラ フィンランドの出産・子育て支援』かもがわ出版，2015

・高橋重宏・庄司順一 編著『子ども虐待』中央法規出版，2002

・高橋重宏 編『子ども虐待：子どもへの最大の人権侵害』有斐閣，2001

・所 道彦『福祉国家と家族政策：イギリスの子育て支援策の展開』法律文化社，2012

・留岡幸助『留岡幸助：自叙/家庭学校』日本図書センター，1999

・内海新祐『児童養護施設の心理臨床：「虐待」のその後を生きる』日本評論社，2013

・和田登 著 和田春奈 画『石井のおとうさんありがとう：石井十次の生涯』総和社，2004

・W.ウルフェンスバーガー／富安芳和 訳『ソーシャルロールバロリゼーション入門：ノーマリゼーションの心髄』学苑社，1995

・横田賢一『岡山孤児院物語：石井十次の足跡』山陽新聞社，2002

・吉澤英子・西郷泰之『児童家庭福祉論』光生館，2003

・吉澤英子・吉田眞理 監修執筆『児童館はまちの大木 児童館のためのソーシャルワーク入門』児童健全育成推進財団，2006

さくいん

著者紹介

吉田　眞理（よしだ　まり）

- 横浜市在住
- 早稲田大学第一文学部社会学科卒業
  大正大学大学院人間学研究科博士課程　福祉・臨床心理学　修了
- 博士（人間学）保育士
- 小田原短期大学　学長
- 小田原市を拠点に，地域の子育て支援活動を実践・研究してきた。市町村における地域に根差した活動，住民の視点を生かした実践と研究を大切にしている。

- 主な著書
  『わが国におけるソーシャルワーク実践の展開』川島書店，2008（共著）
  『よくわかる子育て支援・家族援助論』ミネルヴァ書房，2009（共著）
  『生活事例からはじめる相談援助』青踏社，2011（単著）
  『生活事例からはじめる児童家庭福祉』青踏社，2011（単著）
  『保育者のためのキャリア形成論』建帛社，2015（共著）
  『看護師養成のための社会福祉の制度と法律』青踏社，2015（単著）
  『保育する力』ミネルヴァ書房，2018（監修）
  『児童の福祉を支える社会的養護Ⅰ』萌文書林，2019（編著）
  『児童の福祉を支える〈演習〉社会的養護Ⅱ』萌文書林，2019（編著）
  『児童の福祉を支える子ども家庭支援論』萌文書林，2019（単著）

- 社会活動
  小田原市子ども・子育て会議委員長
  全国保育士養成協議会理事

〈写真提供〉 石井記念友愛社　糸賀一雄記念財団
沼津っ子ふれあいセンター　福岡みどりの家

〈装　幀〉 大路浩実

児童の福祉を支える
子ども家庭福祉

2018年12月25日　初版第1刷発行
2023年4月1日　初版第5刷発行
2023年12月15日　第2版第1刷発行

著　者　吉田眞理
発行者　服部直人
発行所　㈱萌文書林
〒113-0021　東京都文京区本駒込6-15-11
TEL(03)-3943-0576　FAX(03)-3943-0567
URL:https://www.houbun.com
E-mail:info@houbun.com

〈検印省略〉
印刷／製本　シナノ印刷㈱

ISBN 978-4-89347-417-9　C3037